実践
学生相談の
臨床
マネージメント

リアルに考えベストを尽くす

細澤 仁
Hosozawa Jin

岩崎学術出版社

はじめに

私は、いくつかの大学において、学生相談業務に関わってきました。締めて十年以上となります。私が面接を行った学生は実数で千人以上いるでしょう。この数字は常勤で学生相談一筋の臨床家と比べればそれほど多い数字ではありませんが、それなりの数ではあると思います。

その中で、私なりの学生相談臨床が醸成されていきました。私が学生相談実践を通して得た知見の一部は、学会や学術誌などで一部発表されています。

今現在、私は学生相談業務を行っていません。もっとも、高校のスクールカウンセラーをしていますが、一～二カ月に一回のペースなので、そこでの実践はアセスメントとマネージメントが主となります。私は学生相談が割と好きなので、機会があれば、また学生相談に関わりたいという気持ちはありますが、おそらく、今後私が学生相談に携わる機会を持てる可能性は低いと思います。

学生相談から離れて数年経ちますが、私は、いつか私なりの学生相談臨床についてまとまった内容を持つ書籍を出版したいという想いを抱いていました。学生相談から少し距離がある今、当時の臨床を振り返り整理することで、現在、学生相談臨床に携わっている若い臨床家に多少なりとも刺激を与えることができるのではないかという想いも強くなっていました。そのような折に、岩崎学術出版社の長谷川純氏との話の中で、学生相談本の出版の企画が持ち上がりました。私にとって、まさに渡りに船というタイミングでした。人生は出会いとタイミングですね。

学生相談は独特な臨床のフィールドです。心理臨床の中で、それだけでひとつの分野を形成しています。長年に渡り、学生相談を専門にしている臨床家の方々が膨大な知見を積み重ねており、その成果は多数の著作として出版されています。学生相談の基本形はほぼ完成されていると考えてもよさそうです。そして、私は、そのような業績は大変貴重であると共に、学生相談の実践において極めて有用であると考えています。私も随分と参考にさせていただきました。

それでは本書の意義はどこにあるのでしょうか？　このような状況で、まだ言うべきことが残されているのでしょうか？　私のような学生相談の専門家とはとても言えない臨床家に有用なことを述べることができるのでしょうか？

プライマリケアとしての学生相談

学生相談の基本形はほぼ完成されていると言いました。それは、学生相談における臨床的常識が存在するということを意味します。私は、学生相談の専門家による臨床実践の積み重ねから導かれた臨床的常識に価値があると思っています。常識を否定するつもりはまったくありませんが、心理臨床における常識は、それに拠って立ち、実践するためのドグマではありません。また、臨床から導き出された考えは、それがどのようなものであっても、ドグマとなってしまった瞬間に臨床的意義を失います。心理臨床における常識は、臨床家一人一人が自らの実践のあり方を模索する中で参照すべきものではありますが、それに沿って臨床を行うというものではありません。心理臨床は、何らかの理論や常識をクライアントに当てはめるといった営為ではなく、臨床家が、理論や常識を参照点としつつも、臨床実践の中で自分の頭で考え、臨床的介入を行っていくという営みです。臨床の理論や常識は、自分の臨床実践が独りよがりになることを回避するために有用です。人のこころのあり方はさまざまです。学生相談を訪れる学生のニーズもまた多様です。そして、臨床実践における技法選択は、あくまで、学生のニーズに沿ったものである必要があります。助言を求めている学生に共感的応答を返しても、ほとんど何の意味もありません。もちろん、ニーズには意識的なものもありますが、無意識的なものもあります。助言を求める意識的ニーズの背後に、共感を求める無意識的ニーズがあるかもしれません。しかし、その場合でも、学生の無意識的ニーズについてセラピストと学生が十分に話し合う必要があります。ファーストフード（助言）を求めて店に入った客に、懐石料理やコース料理（心理療法）を提供することは、まったく臨床的ではありません。無意識的ニーズを感知したにしても、心理療法を提供する前に、臨床家はクライアントに説明をして、同意を取る必要があります。心理療法が契約に基づき実践される営為である以上、これは当たり前のことですが、実際にはこのような手続きが十分になされてないという現実があります。これは、わが国の臨床心理がまだまだ未熟である現状を表しています。おそらく、今後、この辺りは改善されていくことでしょう。

学生相談を訪れる学生のニーズは多種多様なので、学生相談に携わる臨床家は、基本的な心理臨床技法について一通り実践できるようでありたいと思います。少なくとも、力動的心理療法と認知行動療法の基本については実践できることが必要です。もちろん、高度に専門的な技法が適応となる事例で、それが自分の専門ではない場合には、学外の専門機関を紹介する必要があります。学生相談は言うなればプライマリケアです。そこで求められる力量は、ジェネラリストとしての力量であって、狭い領域の専門家としての力量ではありません。自分の専門以外の臨床技法を実践できない臨床家には学生相談のセラピストを務めることはできません。

心理療法としてのマネージメント（臨床マネージメント）

また、学生相談は、面接室の中だけで完結しないことも多々あるので、セラピストにはマネージメント能力が要求されます。心理療法それ自体よりも、マネージメントが優先されることもよくあります。もちろん、私たちが心理臨床の専門家である以上、私たちが実践するマネージメントは、あくまで心理療法的理解に基づくものであるべきです。マネージメント自体が心理療法的に機能することが理想的です。つまり、学生相談において、セラピストには、現実的に学生や学生を取り巻く環境に働きかけることが求められるのですが、その際、そのマネージメント自体が心理療法的効果を産むように腐心する必要があるということです。単にマネージメントするだけなら、心理療法家ではない教職員でもできます。心理療法として機能するマネージメントを本書では臨床マネージメントと呼びたいと思います。ただし，煩雑さを避けるため、この後、マネージメントとのみ記載します。読者の皆さんにはそこに含まれる心理療法的意味合いについて想いを巡らせていただければ幸いです。

まとめると、学生相談における心理臨床は、学生相談における臨床的常識を参照しつつ、セラピストなりのマネージメントや心理療法を学生に提供することです。繰り返しになりますが、その際に重要なのは、常識に則り臨床実践を行うのではなく、臨床家が自分の頭で考えて、方針を決め、臨床的介入を行うことです。学生相談における常識は、その際に、セラピストの独りよがりを回避するために参照されるべきです。

私が学生相談の世界に足を踏み入れたのはたまたまのことでした。精神科医で学生相談に常勤の形で関わる人はそれほど多くはないでしょう。また、私は、学生相談に携わっていた際にも、学生相談以外の臨床のフィールドを常に持ち合わせていました。このような状況もあり、学生相談の世界に飛び込んだとき、私は学生相談における臨床的常識をまったく持ち合わせていませんでした。それまでの私は、精神分析を専門とする精神科医として主として医療の場で心理療法や精神科的治療を行っていましたが、学生相談においても、精神分析や精神医学を基盤として臨床を行っていきました。学生相談において試行錯誤で臨床実践を行っているうちに、学生相談の臨床的常識を知りました。そのような常識を批判的に参照しつつ、一部取り入れながら、主に自分の頭で考えて、さらに心理療法とマネージメントを行っていきました。そして、私なりの学生相談臨床が醸成されていきました。

学生相談と精神分析

私の専門は精神分析ですが、学生相談において臨床実践を積み重ねるうちに、精神分析を学生相談に活かすという姿勢であれば、精神分析的観点は相当有用であると考えるようになりました。学生相談において精神分析的心理療法そのものを実践する機会はそれほど多くはありません。精神分析的心理療法の適応となる学生は相当少ないと考えてよいと思います。しかし、精神分析的観点から、支持的心理療法やマネージメントを行うと結果は実り多いという実感を私は持っています。

学生相談の業績は学生相談を専門とする臨床家たちによって積み上げられてきたという事情もあり、精神分析を学生相談に活かすという趣旨の本はそれほど多数刊行されていないようです。

本書の意義は、精神分析的視点を活用した学生相談実践（心理療法やマネージメント）を紹介するところにあると考えます。ここまで、私の臨床実践は、さまざまな考えを参照しつつも、基本は自分の頭で考えるということに立脚していることを強調しています。そこから必然的に、本書の読者のみなさんは私の実践をそのまま用いることができないということになります。本書は臨床のマニュアルではありません。本書の目的は、読者のみなさんが、自分の頭で考えて臨床実践をする際の参照点となることです。私の考えや臨床実践は、学生相談を専門とする臨床家の方々と少々異なるかもしれません。しかし、どちらが正しいとか、どちらが有効ということでもないと思います。臨床は、それを実践する臨床家の理念と無縁には存在しません。それは心理臨床が臨床家のこころを用いるものであるからです（認知行動療法は別の考えを持っていますが、理念が臨床実践に影響を与えていることには変わりはありません）。理念はときに臨床に害を与えます。しかし、理念なき人間が心理臨床を行うというのはかなり問題があるでしょう。私たちは、自らの理念を自覚し、それが臨床実践に過剰な影響を与えないように注意すること、そして、それでも与えてしまっている事態を意識することが大切です。

この後に述べますが、精神分析の理念と教育の理念の間には齟齬があります。学生相談は教育の一環であると言われています。これは学生相談においては、さまざまな心理臨床学派の理念よりも、教育の理念が優先されるということを意味しています。したがって、学生相談の場で精神分析的心理療法を実践するのではなく、あくまで学生相談への精神分析の応用として考える必要があります。ただし、精神分析的体験への無意識的ニーズを持つ学生や精神分析的体験が学生の成長を促すことに資するケースも少数ながら確実に存在します。

学生相談の対象は主として青年期の大学生・大学院生です。私は、そもそも、青年期臨床の基本姿勢は、クライアントのこころの成長を促すものであるべきと考えています。それは必ずしも教育の理念と一致しないこともありますが、相容れないというほどではありません。

本書の内容は、学生相談に精神分析を活かすという観点から記述されています。読者のみなさんは、他の学生相談の専門家による著作もぜひ読んでいただきたいと思います。そこには学生相談に長年携わってきた臨床家の叡智があります。みなさんが、自分の頭で考えて臨床をしながら、その叡智を参照すると、臨床実践は一層実り多いものとなるでしょう。ただし、そのような著作、そして、本書を読むとき、その内容を鵜呑みにしてはいけません。学生相談の専門家の著作も、そして、本書も、個人の臨床実践を通して導き出された考えを提示しているに過ぎません。力動的心理臨床がセラピストのこころを用いる臨床の営為である限り、そこに普遍性以上に個別性が表れることは仕方ありませんし、そうでないとしたら、それはまったくセラピストのこころを用いたセラピーではありません。

読者のみなさんは、本書に記述された私の考えや実践に触れ、それを自分の臨床の参照点としたり、あるいは、触れることで喚起されたこころを持って、みなさんならではの学生相談臨床を行っていただきたいと思います。そして、可能であれば、みなさんの臨床実践の中で生成した考えを私に教えていただきたいと思います。私はみなさんとの対話を希望しています。

目次

第二部　実践の中に

第三部　連携――マネージメントの重要な要素

第一部　実践の前に

第一章　学生相談という臨床の場

1　「学生相談は教育の一環である」

大学における学生相談（以下、学生相談と記します）は独特な心理臨床の実践の場です。教育分野における他の心理臨床としては小学校、中学校、高校のスクールカウンセリングがありますが、それらの生徒は未成年であり、クライアントは良くも悪くも子ども扱いされています。その点、大学生ともなると、一、二年生は実際に未成年であっても、社会的にはほぼ大人扱いされることになります。学生相談は、子どもを対象としたスクールカウンセリングと大人を対象とした通常の心理臨床実践の間にあると考えてよいでしょう。間にあるということは、そのどちらもの性質を合わせ持っているという意味合いと、そのどちらとも質的に異なるという両面を持っているということになります。ここに学生相談のユニークさがあります。

「学生相談は教育の一環である」という命題は、学生相談の世界で広く受け入れられています。私も、学生相談が、大学という教育機関で実践される臨床である限り、この命題は極めて妥当と思います。その意味で、学生相談は、小学校、中学校、高校のスクールカウンセリングと地続きです。そして、学生相談の場で臨床を行うセラピストには、教育的配慮が要請されます。医療、福祉、教育から独立して実践する純粋な心理臨床では、それぞれの臨床学派や臨床家が自分の信じる価値観に合致する心理臨床実践を行えばそれでよいでしょう。その場合でも、無論のこと、クライアントに十分な説明をして、実践内容について合意を得るということが必要条件となります。しかし、医療、福祉、教育の場での心理臨床においては、それぞれの場の理念と無縁に心理臨床実践を行うことは許されません。医療、福祉、教育には、それぞれの理念に基づく、独自の目的と目標があります。そして、組織の中で臨床実践を行う場合、フィールドの理念もありますが、組織の経営理念についての配慮も必要となります。つまり、学生相談は、大学教育という観点に基盤を置きつつ、個別の大学の教育理念、経営理念に対する配慮も必要とされるということになります。もちろん、そこにはさまざまな意見、異論があるでしょう。しかし、このようなリアリティについて考えを巡らせることができない臨床家は、学生相談に限らず、組織の中での心理臨床実践に関わる資格がないと思います。そのような臨床家は、プライベート・プラクティスという場で、自分の臨床の理念に同意するクライアントのみに心理療法を提供すればよいと思います。医療、福祉、教育という場は、セラピストに決して純粋な心理療法の実践を求めていません。患者、利用者、学生・生徒、そして組織の役に立つ心理臨床実践を求めているのです。これは、良いとか悪いとかの問題ではなく、現実の問題です。このため、ある種の公的な場においては、臨床的アプローチは基本的に折衷的にならざるを得ません。折衷的と言っても、専門性が必要ないという意味ではありません。専門性に裏打ちされた折衷的な臨床実践が求められているのです。専門性の裏付けがない折衷主義は、どうしても小手先の対応となってしまい、真に臨床的有用性を持ち得ません。また、折衷的に臨床実践を行うことは必然的に応用ということになるので、専門的心理療法という基本を行うよりもはるかに難易度が高いと言えます。学生相談に携わる心理臨床家には、専門的心理療法を実践するという姿勢ではなく、専門性を実地臨床に活かすという姿勢が必要となるということです。

2　教育の目的と目標

「学生相談は教育の一環である」と先ほど述べました。それでは教育の目的と目標は何でしょうか？　本書は教育そのものについて述べることを趣旨としていませんので、詳細な教育論には立ち入らないようにしたいと思います。それゆえ、最大公約数の考えを示すと思われる教育基本法を素材に用いて考えてみることにしましょう。

教育基本法の第一章に教育の目的及び理念が記述されています。条文を引用してみましょう。まず、教育の目的については次のように書かれています。「教育は、人格の完成を目指し、平和で民主的な国家及び社会の形成者として必要な資質を備えた心身ともに健康な国民の育成を期して行われなければならない。」続いて、教育の目標が五つ挙げられています。「幅広い知識と教養を身に付け、真理を求める態度を養い、豊かな情操と道徳心を培うとともに、健やかな身体を養うこと」、「個人の価値を尊重して、その能力を伸ばし、創造性を培い、自主及び自律の精神を養うとともに、職業及び生活との関連を重視し、勤労を重んずる態度を養うこと」、「正義と責任、男女の平等、自他の敬愛と協力を重んずるとともに、公共の精神に基づき、主体的に社会の形成に参画し、その発展に寄与する態度を養うこと」、「生命を尊び、自然を大切にし、環境の保全に寄与する態度を養うこと」、「伝統と文化を尊重し、それらをはぐくんできた我が国と郷土を愛するとともに、他国を尊重し、国際社会の平和と発展に寄与する態度を養うこと」。

これらの記述から、教育の目的は、個人が良き社会の一員となるべく援助することであると読み取ることができそうです。それがすべてではないにしても、少なくとも教育の目標の一つは、個人が社会に適応できるよう成長を促すことと考えてもよいでしょう。

3　教育と精神分析の葛藤

心理臨床にはさまざまな学派があります。その幅は、片や認知行動療法から、片や力動的心理療法まで、相当の広がりを見せています。力動的心理療法の中でも、さまざまな学派があり、その理念や技法はそれぞれまったく異なり、相容れない場合もあります。

たとえば、認知行動療法を取り上げてみましょう。認知行動療法は、不適応な行動や考えを適応的な行動や考えに変化させる臨床実践です。すなわち、認知行動療法は、クライアントの社会適応を直接的に援助する方法です。そのため、先ほど述べた教育の目的とも一致しており、教育との相性はとても良いと言えます。また、医療も、苦痛のある状態から苦痛のない状態への移行を援助するという目的を持っていますので、同じく、認知行動療法との相性が良いと言えます。教育における心理的援助の中心的対象が発達障害となっていること、および、最近の発達障害ブームが相まって、教育における心理療法の主流は、かつての力動的心理療法から認知行動療法にシフトしています。発達障害に限らず、不登校への援助も同様の移行が認められます。ここから、認知行動療法は教育と理念を共有しやすいことが伺えます。教育の現場における心理的アプローチは、そこにいる教員の理解と協力が必須ですが、力動的心理療法の各学派の理念は、教員には理解し難い面があります。また、その効果も曖昧模糊としています。さらには、従来、教育分野で臨床実践をしてきた多くの力動的心理臨床家が、十分に説明責任を果たしてこなかったという事態もあります。これは、個々の臨床家の問題でもありますが、たとえ説明責任を果たそうとしても、力動的心理療法の各学派の理念は外部の人にとって分かりにくいという事情もあります。その点、認知行動療法的な考え方は、教員の価値観と合致しやすい上に、教員への説明としてもわかりやすいという利点があります。

認知行動療法の理念は明確であり、問題となっている事態の分析から、その解決に至るまでの介入やプロセスが非常に明瞭であり、かつ、わかりやすいと言えます。相互の理念と一致していること、事態の分析や解決法が明瞭であること、そして、それを教員が理解し、協力することが容易であること、さらには、効果の判定も目に見えるものであることなどが相まって、認知行動療法が教育の現場で主流となったと考えることができます。後述するように、私の専門は力動的心理療法の中のひとつの学派である精神分析です。ただし、私の場合は、心理臨床家であるだけではなく、医師であるという側面があります。そのため、認知行動療法的アプローチへの親和性はもともと高く、そもそも入院という極めて高い密度の治療を提供できる設定で、数カ月集中的に認知行動療法を実践した経験もあります。実際に、私は自分の臨床実践に認知行動療法のエッセンスを使用するということに積極的ですし、連携を取る相手にも認知行動療法の理論や技法を参考にした説明を行うことが多いと言えます。このような経験から、私は、学生相談に関わる臨床家には、認知行動療法に対する知識と経験が必須であると考えます。ただし、本書は、精神分析的観点を学生相談に活かすというところに主眼があるので、認知行動療法的アプローチについて具体的に触れることはしません。

さて、先ほど述べましたように、私の専門は精神分析です。基本的に、精神分析と教育は相性がよくありません。もちろん、精神分析の中にもさまざまな学派があり、その理念や実践に関しては相当の相違があります。教育と比較的相性のよい精神分析の学派もあると思います。それゆえ、私の考える精神分析と教育の相性が悪い、とするのがより正確な表現となります。

私にとって、精神分析の効用は、人がより退行を享受し、自由連想が一層可能となり、豊かな夢を見ることができるようになるところにあります。それを通して、人はより創造的になり、内的な自由を獲得し、自分として生きていくことが可能になると私は考えています。これらの成果により、人は内的には生きやすくなりますが、現実的には適応が悪くなることもあるようです。私自身がそうです。私はカウチを用いた週四回の精神分析を五年以上受けました。私は精神分析を受けることで内的には随分と自由になり、自分自身でいることが以前よりずっとできるようになりました。しかし、そのため、他者との摩擦が一層生じやすくなっています。これは日本的社会の特徴である可能性もあります。日本においては、自分を殺して他者や状況に合わせた方が恙なく生きていけるようです。その方が、人に嫌われたり、人を嫌ったりして生きることも少なくてすみそうです。現実的なトラブルも起こりにくいと思います。意識的に自分を押し殺すのは苦しいでしょうが、無意識的に押し殺すのであれば、本人は押し殺していると思っていないので、さほど苦しくありません。内的に不自由であっても、自分は自由だと思い込んで生きていくことは楽だし簡単です。私はそういう生き方を否定するつもりはありません。それはその人の生き方です。ただ、私はそのような生き方は到底できそうにありません。私は自分の生き方しかできないからそうしているだけで、それを人に勧めようとは決して思いません。真の自由は幻想ですが、できるだけ自由に生きようとすると、人から憎まれたり、疎まれたりすることもあるようです。そして、それ相応の攻撃を受ける羽目に陥ります。そのような状況が幸せであるとは言えないでしょう。私は、幸せよりも自由を重視しているだけです。自由よりも幸せを重視する人は、それはそれでひとつの人生です。自分は自由で幸せであると自分に嘘をつける人は最も幸福な人だと思います。私はリアルにしか物事を考えられないので、そうなれそうにありません。

臨床装置としての精神分析

話が脇道に逸れているようです。読者のみなさんは、既に私の記述の流れがうねうねしていることに気づかれたでしょう。この文章のスタイルにはある意図があります。このところ私が書く本は、入門書的なものが多いのですが、教科書的にならないようにしています。臨床の教科書は基本的に臨床の役に立ちません。教科書は現実の臨床を抽象したものです。しかし、臨床実践において最も大切なものは、抽象され得ないもの、あるいは、教科書には馴染まない細部であったりします。教科書に書いてあるような粗雑な理解と実践では臨床ができないのは当たり前です。そして、心理臨床、少なくとも力動的心理療法は、セラピストが自分のこころを用いて実践するものです。セラピストのこころは、他の誰とも異なるユニークなものです。力動的心理療法は、そのユニークなものを主として用いるわけです。教科書の執筆者のこころと読者のみなさんのこころは違います。力動的心理療法のセッションの中では、セラピストとクライアントのユニークなこころとこころが出会うことによって何かが生成するのです。生成したもの自体もユニークなものなので、それは決して教科書には書いてありません。精神分析の多くの入門書は、セッションの中で生成するものに一般名詞を与えることができるかのように主張します。私はそれをフィクションと断定したいと思います。あるセラピストとあるクライアントのこころの出会いから生成したものを名付けることができるのは当事者だけです。しかし、それもひとつのフィクションです。それは真実ではありません。それは創造されたものなのです。その創造されたものは真実そのものではありませんが、ある真実性を有しており、その真実性が心理療法に展開を生む場合もあるのだと思います。名付ける行為（セラピストの行為としては解釈ということになります）それ自体が展開を生むのではありません。セラピーが創造的な営みとなるときに展開が生まれるのです。私はある真実性と言いましたが、それが科学的計測に馴染まないということ、そして創造という営為と関連があるという特徴を斟酌し、それを美と呼びたいと思います。私の書く文章は比較的に脇道に逸れつつうねうねしています。これは私の記述が教科書的になることを妨げ、私の思考のうねうねを表現することを願ってのことです。読者のみなさんには、私の書いている内容を取り入れて臨床をするのではなく、私の書いているとに喚起され、自分の頭でうねうねと考えながら臨床をしていただきたいと思います。精神分析はさまざまな理論、概念を創出してきましたが、私はそれらにほとんど関心がありません。私にとって精神分析は、自らの頭を使って考えることを可能にする臨床装置なのです。読者のみなさんも、臨床実践を通して、自分の理論、概念を創出することが臨床上有益だと思います。もちろん、これが独りよがりになってしまうと反臨床的なので、自分と異なる他者の考えに開かれている人（残念ながら臨床心理の世界にはほとんどいません。それどころか、自分と異なる考えを認めない臨床家が多数存在します。特に、その道の大家として名を馳せている人にそういう狭量な人が多いですね。とても残念な現実です。その現実は、日本心理臨床学会という臨床心理の最大のイベントに行けばいくらでも体験できます）と議論することで彫琢することが必要です。

臨床家はリアリストでなければならない

話が逸れる一方なので、さすがに本筋に戻しましょう。先ほど、精神分析的体験を通して、人はより創造的になり、内的な自由を獲得し、自分として生きていくことが可能になると言いました。しかし、社会に適応するためには、不自由を甘受し、自分を押し殺すこともときに必要となります。内的な自由と外的な不自由は両立すると考えることも可能ですが、内的に自由になればなるほど、外的な不自由が苦痛となってしまいます。つまり、精神分析的体験は、人がより一層の苦痛を体験することを助長することもあるということになります。精神分析は、こころの苦痛を軽減したり、人を幸福にするものではありません。自由は、それに伴う代償を求めるようです。それゆえ、精神分析の適応はかなり限られることになります。単に苦痛を軽減したい人、セラピーを通じて幸福になりたい人は向きません。それよりも、内的な苦痛と直面し（直面すれば、意識的には苦痛は一層増します。直面しなければ、苦痛がなくなることはありませんが、苦痛の原因を他人や環境のせいにできますので、苦痛の程度は低くなります）ても、内的な自由を獲得し、それを通してこころのゆとりをより大きくしてゆきたい人が精神分析に向いています。

しかし、このような適応は精神分析そのものの実践を前提にしたものです。精神分析的観点を活かすということになれば、学生相談業務全般に応用可能です。つまり、あらゆるケースが適応となります。たとえば、精神分析的理解をベースに、認知行動療法的アプローチを取るといった形で応用することもできます。そもそも、現実の臨床の場で行われている実地臨床の基本形は、このような折衷的なものでしょう。折衷とは各臨床理論の良い所取りではありません。何らかの臨床理念を基盤として、さまざまな臨床技法を柔軟に組み合わせることです。その際、当の学生のこころのあり方だけではなく、状況のアセスメントも必要となります。その実際については、この後に記述したいと思います。

本書の内容は、学生相談というユニークな臨床の場で、精神分析的考え方や技法をいかに活かすかというテーマをめぐって構成されています。本書は入門書ではありますが、ガイドラインではありません。本書に記述された臨床実践は、私個人に馴染むものであり、学生相談に援助を求めた学生にもそれなりに役に立つことができました。もちろん、このようなやり方では十分な援助ができなった学生もいます。しかし、それは結果論です。私たちは、学生相談を訪れる多くの学生に有用である臨床を誠実に実践する以上のことはできません。多くの学生に有益であれば、それに満足するしかないでしょう。そして、有益でなかった学生に関しては、その事態を徹底的に検討し、そこで得た知見を次の機会に活かすべく努力するしかありません。私たち臨床家は万能的であってはならず、リアリストでなければなりません。

繰り返しますが、心理臨床の基本は、セラピストのこころを用いるということにあります。それゆえ、共通する点もあるとはいえ、セラピストがユニークなこころを持った個人である限り、それぞれのセラピストのセラピーは、たとえ同じ学派ではあっても、微妙ではありますが、本質的な差異が存在します。つまり、本書に記述された臨床実践を読者のみなさんがそのまま実践しても有害無益とまでは言いませんが、有益さの度合いは低くなるでしょう。読者のみなさんは、本書の内容をあくまでひとつの参照点として読んでいただきたいと思います。本書の内容に喚起され、みなさんなりの臨床実践を築いていただきたいと思います。

私は精神分析を学生相談に活かすことの利点を強調していますが、とは言っても、精神分析と教育との間に本質的葛藤があるということは忘れないでおきましょう。もちろん、葛藤があるから役に立たないということはありません。そもそも、現実の世界では、至る所に葛藤が存在します。私たちはユートピアに住んでいるわけではありません。また、ユートピアなど退屈で仕方ないでしょう。ストレス学説をもじって、葛藤は人生のスパイスであると言っておきましょう。葛藤を生き、そして、葛藤を味わうことが、人生においても、臨床においても、大切なことであると私は考えます。

第二章　学生相談に必要な精神分析の知識

精神分析には、とても難しい理論と厳格な作法が存在します。難しい理論には恐ろしげな専門用語が伴われています。厳格な作法は、傍から見ると「何をしているんだ」と突っ込みを入れたくなる、解釈という精神分析の特権的技法が含まれます。おそらく、そのことが心理臨床業界に広く認められる精神分析アレルギーの一因となっていると思われます。その他にも精神分析アレルギーの原因は多々ありますが、そこを論じるのは本書の役割ではありませんし、いろいろ差し障りもありますので、それはまたの機会ということにしておきましょう。

それはさておき、やはり食わず嫌いでは人生の楽しみを味わう機会を自ら逃してしまいます。精神分析の考え方は、フォーマルな精神分析的心理療法以外の臨床実践においても有用です。そもそも、読者のみなさんのほとんどは精神分析家になりたいと思っているわけではなく、精神分析を学生相談に活かしたいと思っている方々でしょう。精神分析的な考え方を学生相談に応用する際に、難しい理論に関する知識は必要ありません。精神分析の理論について知っている必要はないと言うと挑発的過ぎるかもしれません。現実に学生相談に関わるセラピストは、そのほとんどが臨床心理士だと思います。臨床心理士のみなさんなら、大学院で精神分析について学んでいるでしょう。その程度で十分です。要するに新しく精神分析の理論を学ぶ必要はありません。本書にも一切、難しい理論や恐ろしげな専門用語は登場しません。理論は必要ないどころか、臨床実践においてはある先入見を作り出しますので、むしろ、積極的に回避してもよいくらいです。理論は臨床に害を与えることもありますので、私は臨床実践において、理論を忘れるように心がけています。それでも、セッションの中で、つい、理論や専門用語で考えてしまう瞬間があります。そのようなとき、私は心理療法プロセスで何かまずいことが起こっているのではないかと考えることにしています。

精神分析の中でも、実践上、非常に有用な臨床概念があります。本書では、有用な臨床概念を最小限に絞って説明したいと思います。私が考える最小限とは、転移、逆転移、対象関係の三つです。転移、逆転移は、精神分析の外でも比較的よく用いられる用語なので、まったく馴染のない人は少ないでしょう。対象関係には馴染のない方も多いでしょうが、個人心理療法においてだけではなく、状況を力動的に理解する際にも非常に有用ですし、そもそも転移を理解する上で対象関係という考え方が必要となってきます。

従来、私はこの種の入門書で、前記三つと共に、投影同一化という概念も挙げていました。最近、私は、セッションの後に自分の臨床実践を検討するときや、事例検討会やスーパーヴィジョンで他者の臨床実践を考えるときに、投影同一化という言葉を用いないように気をつけています。この用語は確かに有用で、臨床素材を理解する上で便利ですが、投影同一化という現象はこの用語を用いなくても説明することができます。実際に、似たような他の用語も存在します。そして何よりも、その便利さに私は抵抗があります。投影同一化と言ってしまうことで、見逃されてしまうことが多いような気がするのです。しかし、やはり、転移と逆転移の橋渡しを説明するには便利な用語ですので、一応、本書でも説明しておきます。しかし、読者のみなさんは自分の臨床実践において投影同一化という言葉を使用せずに自分の頭で考えた方がおそらく臨床的には実りあるでしょうから、投影同一化については、一応理解した後、忘れてしまってよいと思います。

1　転移——対象関係の反復

転移は精神分析の臨床概念の中で最も重要なものです。また、その臨床における有益性から、精神分析の外の世界でも比較的受け入れられている概念です。読者のみなさんも転移についてまったく知らないという方はいらっしゃらないでしょう。

しかし、意外なことに、最重要概念にも関わらず、精神分析の世界においても転移の定義は多種多様です。精神分析の外の世界でも転移という用語が広く流布しているため、その意味は一層不明瞭かつ曖昧となっています。本書は、学問の書ではなく、臨床実践のヒントとなるべき本ですので、定義に関する学問的議論は脇において、臨床に使えるという観点から、転移に関する私の考えを述べることにします。私の考えが唯一正しいわけではありません。転移はあまりにも多くの意味合いを内包しているので、一方で便利な言葉でありますが、一方で転移と言ってしまえばそれで何となく理解できた気になってしまうという危険性もあります。読者のみなさんも、私の転移理解を参照点として、もう一度転移について考え直してみることをお勧めします。それを通してみなさんなりの転移概念を形成してもらえれば幸いです。

転移とは、クライアントがセラピストに向ける無意識的な空想であり、そしてそれに基づく感情のことです。ときどき、初心者の事例検討会などで、クライアントがセラピストに明瞭な怒りを向けているときに、陰性転移として議論されることがあります。それは、現実にセラピストが不用意な言動を取り、それに対してクライアントが腹を立てているだけかもしれません。もちろん、その背後にはクライアントの無意識的な空想があると考えてもよいのですが、クライアントが怒っているから陰性転移、好意を抱いているから陽性転移という単純な話ではありません。臨床において意義を持つのは、クライアントが抱いている無意識的空想の形や質です。無意識的空想とは、クライアントが抱いているある種の台本です。その台本に従って、クライアントは現実場面で、特異的な対人関係を上演します。と言っても、相手がいますので、常に台本通りとはなりません。しかし、重篤な病理を有するクライアントの台本には相当の強制力があります。つまり、重篤な病理を持つクライアントは、ほとんど常に同じパターンの対人関係を反復します。この現象は、境界性パーソナリティ障害を有するクライアントの場合、特に顕著です。もう少し病理が軽いクライアントの場合は、対人関係パターンに今少しのバリエーションが存在します。この台本の強制力こそが、人を不自由にしていると私は考えます。私の考える精神分析的心理療法の目的の一つは、この台本の強制力を弱めることにより、クライアントがより自由に人生における選択を行うことができるように援助することです。それにより、クライアントはこころのゆとりを獲得することができると私は考えます。

この台本は、クライアントの対人関係において上演されると言いました。クライアントとセラピストの関係も当然のことながらひとつの対人関係です。精神分析的心理療法においては、セラピストは基本的に受動的な態度を保ちます。セラピストが受動性を保つが故に、クライアントの台本が比較的純粋な形で、セラピー関係の上で上演されるわけです。それを、精神分析では転移と呼んでいます。転移が、精神分析的臨床で最も重要な概念であることがここからわかるでしょう。

精神分析の中で、この台本は対象関係と呼ばれています。対象関係は自己と対象の関係に関する無意識的空想です。この台本を命名する他の用語もありますが、学問的議論は本書の役目ではありませんので、触れないでおきます。繰り返しになりますが、精神分析の目的の一つは、対象関係の少々の変容を通して、こころのゆとりを獲得することであると私は考えます。

ここで転移がいかにセラピー関係において反復されるかを理解するために、ひとつの例を挙げてみましょう。

【支配‐被支配という対象関係を持つ女性】

支配‐被支配という対象関係を持ったクライアントが私のもとを訪れました。そのクライアントは小児期に被虐待の経験があり、そのことが対象関係の形と質に影響を与えているようでした。初回面接の終了際に、私は彼女に数回の予備面接（精神分析的心理療法に導入するかどうかを最終的にセラピストが決断するための面接）を提案しました。クライアントは同意しました。しかし、予備面接の途中で、クライアントは何の連絡もなく来なくなりました。数カ月後、そのクライアントは再び私の許を訪れました。そして、私が予備面接を提案したこと自体が、そのクライアントにとって私に支配されるという体験であり、そこで喚起された不安、恐怖のため、そして、そのクライアント自身が支配的立場に立つために、中断が生じたということが判明しました。

このクライアントは、自身の生活史の中でもこのような対象関係を反復していました。虐待は支配・被支配という構造を持っています。彼女は青年期に家を飛び出しましたが、その後も、パートナーから援助者に渡るまで、対人関係は支配・被支配に彩られていました。通常は、彼女が支配される役割を担っていましたが、ときに役割交換が生じ、彼女が支配する側に回ることもありました。そして、それは精神分析的心理療法が開始された後でも、セラピーの内外で繰り返されました。セラピーの中では、転移状況としては反復されました。また、このクライアントの病理は重篤であったため、入院の導入も数回行われました。入院すると病院スタッフや他の患者との間で、支配・被支配という関係が生起しました。ほとんどの対人関係は、クライアントの台本通りに展開しました。私がセラピー導入前に行った予備面接は、通常の業務の一部です。それさえもが、クライアントの対象関係の反復に利用されてしまうのです。この対象関係に変容が生じない限り、クライアントは他者と意味のある関係を結ぶことは難しいと考えてよいでしょう。

2　逆転移——最も重要なセラピーの道具

逆転移とは、逆方向の転移、すなわち、セラピストがクライアントに向ける無意識的な空想であり、そしてそれに基づく感情のことです。

逆転移にはふたつの意味合いがあります。ひとつは、セラピストの個人的な対象関係に基づくものです。人は誰しも個人的病理を持っています。セラピストも例外ではありません。転移は無意識的過程であり、いくらセラピストが自ら精神分析などセラピーを受けたところで、そのプロセスが生成した時点では気づくことができません。つまり、セラピストは知らず知らずにクライアントに転移を向けてしまうのです。セラピストの個人的な対象関係に基づき、生成した転移状況は、セラピストの病理なので、セラピーには百害あって一利なしです。しかし、これは無意識的過程であるため、回避することはできません。回避できない以上は、それに気づき、それがセラピーに与える影響を最小限にするよう努力することしかできません。それでは、どうやって無意識的過程に気がつくことができるのでしょう。この問題に関してはもう少し後で検討したいと思います。

逆転移のもうひとつの意味合いは、クライアントの転移に反応してセラピストの中に生成した無意識的空想と感情です。これは、クライアントの対象関係を反映したものであり、クライアントの内的世界を理解する上でとても重要な素材です。対象関係が無意識的な空想である以上、クライアントは、それをことばによって説明することはできません。ことばによって説明する代わりに転移状況を通じてコミュニケートするわけです。そのコミュニケートされた内容に反応して生成するのがセラピストの逆転移です。つまり、セラピストは、自らの無意識でもって、クライアントの無意識をキャッチするのです。精神分析的臨床においてセラピストが自らのこころを使用するということの意味はここにあります。精神分析の基本は、逆転移を通して、クライアントの対象関係を理解することです。すなわち、精神分析においてセラピストが用いる最も重要な道具は自らの逆転移ということになります。

ここで先ほどの問題に戻りましょう。どうしたら無意識的なものに気づくことができるのでしょう。セラピストが自分の逆転移に気づく方法はいくつかあります。最も基本的な方法は、セラピストが自らの意識的空想から無意識的空想の形と質を理解するというやり方です。クライアントが連想しているとき、それを聴いているセラピストのこころにもさまざまな空想が生じます。セラピストは自分の意識的な空想を吟味し、それを生じさせた無意識的な空想の形と質を知り、それを参照軸として、クライアントの無意識的な空想を理解するのです。

理屈で説明すると単純な話のようで、実際のところよくわからないような感じになるでしょうから、例を挙げて説明することにします。

【無関心な母親とネグレクトされる自己という対象関係を持つ女性】

ある女性クライアントを取り上げます。彼女は無関心な母親にネグレクトされている自己という対象関係を持っていました。彼女はとても美人で華やかな雰囲気をまとっているため、周囲にいつも多数の男性が群がっていました。彼女の連想の中心は、男性が次々と近づいて来るのだけれど、彼らの愛は自分の求めているものではないという内容でした。彼女はそれらの男性にある種依存しつつも、軽蔑しているといった風情でした。恋愛関係に発展しても安定した関係を維持することができませんでした。

あるセッションで、彼女はいつものごとく、ある男性に言い寄られていること、そして、その男性がいかにダメな男かという話をしていました。私はいつもの話にうんざりすると共に、いらだちも感じていました。しかし、その状況に浸りながら考えを巡らせているとき、私の中に、母親の気を引こうと一生懸命母親に話しかけているのに、母親が一向に関心を示さないどころか、鬱陶しそうにしているというイメージが浮かんできました。私は、そのイメージを味わったところ、少し胸が痛くなりました。私は、自分の中に生成した空想と情緒を味わいながら、その意味について想いを巡らせました。そして、私が彼女の無関心な母親の役割を担っていることに気がつきました。私の体験した胸の痛みといらだちは、共に彼女が母親に対して抱いた気持ちを、自分では抱えきれずに私に投げ入れたものであるという理解が生じました（ここのプロセスを精神分析では投影同一化と言います。この後、説明します）。以上のような理解が明瞭に形作られたとき、私は彼女に以下のように伝えました。「あなたは私の気を引こうと、一生懸命私に語りかけているのに、私はあなたに一向に関心を向けていないと体験しているようですね。そのような私に対して、あなたは悲しみと怒りの両方を抱いているのでしょう。」彼女は、ことばの上では私の解釈を否定しました。しかし、その後展開した彼女の連想は、私の解釈を裏付けるものでした。

さきほど、意識に上る空想から無意識的な空想の形や質を知ると言いましたが、このことにはいくつかの問題があります。一つ目は、セッションの最中、セラピストが自分の空想に耽ることは難しいという問題です。セラピストは、通常、クライアントの連想を傾聴します。集中力を高めて他者の話を聴いているときに、自分の空想に耽るのはかなり困難です。しかし、精神分析はクライアントの無意識を扱う臨床実践である以上、セラピストはその困難なことをやり遂げる必要があります。セラピストがいくら一生懸命クライアントの話を聴いたとしても、無意識的な転移を読むことができないならば、それは精神分析的セラピーとは言えません。すると、傾聴よりも、空想に耽ることが優先されなければならないということになります。傾聴しないでよいという意味ではありません。程度の問題です。

二つ目は、セラピストが空想に耽っていると、クライアントからはセラピストが自分の話を聴いていないように見えるという問題です。傾聴よりも空想に耽ることを優先しているので、これは事実でもあります。この二つの困難を解決するための最も良い方法は、カウチを使用することです。カウチを用いることは精神分析にとって大きな利点があるのです。カウチを使用すれば、クライアントからセラピストの姿は見えませんので、セラピストは存分に自分の空想に耽ることができます。しかし、多くの学生相談の現場にはカウチはないでしょう。対面でセッションを行う以上は、傾聴を主として、可能な範囲で空想に想いをめぐらせるというのが現実的落としどころでしょう。

本質的に無意識的である逆転移に気がつくきっかけとしての意識的な空想について説明しました。セラピストの意識に上った空想から自分の無意識的な逆転移を理解し、そこからクライアントの転移を理解するという道筋です。

さらに、その他のきっかけについても説明したいと思います。

セラピストがセッションの中で体験する感情や感覚はとても大切な素材です。自分の感情・感覚のモニタリングはセラピストがすべき最低限の仕事です。たとえば、精神病のクライアントのセラピーに携わるときは、まとまった空想が生まれにくく、断片的な感覚から理解を紡ぐ必要がある場合もあります。

セラピストは、心理療法を実践する上での自分のスタイルや癖についても知っておくべきでしょう。自分のスタイルと少々異なることをしていたら、それは逆転移に突き動かされてのことかもしれません。特に、解釈はそれが精神分析の技法であるがゆえに、行うことが正当化されやすいので要注意です。いつもより解釈が多くないか、少なくないか、深くないか、浅くないか、長くないか、短くないか、抽象的ではないか、具体的ではないか、等々、自分のいつものスタイルと常に比較する必要があります。しかし、セッションの中でこのことに気がつくことはかなり難しいので、セッション後に面接記録を作成するときにやっと気がつくことが多いようです。それゆえ、面接記録の作成は極めて大切です。面接記録は単なる備忘録ではありません。面接記録を作成するところまでがセラピーです。面接記録の書き方も重要です。自分がそれを作成する過程で何かを発見しやすい形式で書くことをお勧めします。誰かに教わったやり方では意義深い何かを発見することはできません。自分なりの面接記録のスタイルを作ることが重要です。

そして、セラピストが自分の無意識を知るための最もよいトレーニングは、セラピスト自身が精神分析ないし精神分析的心理療法を受けることです。これは従来教育分析と呼ばれてきましたが、セラピスト向けの精神分析と患者・クライアント向けの精神分析があるわけではなく、同じものなので、「教育」ということばを用いない方がよいと思います。逆転移の臨床的使用とセラピストが自ら精神分析ないし精神分析的心理療法を受けることはセットと考えてよいでしょう。しかし、このような機会を得ることはそれほど簡単なことではありません。次善の策としてはやはり個人スーパーヴィジョンを受けることとなります。生々しい逆転移から転移のあり方を考える訓練をすることになりますので、グループスーパーヴィジョンではなく、個人スーパーヴィジョンである必要があります。

3　投影同一化――転移と逆転移をつなぐもの

先ほど、転移に反応して生じる逆転移と言いました。これはクライアントの無意識がセラピストの無意識に影響を与えるということを意味しますが、このような事態はいかにして生じるのでしょうか？　このプロセスには投影同一化という機制が関与しています。投影同一化を介して、クライアントの無意識がセラピストの無意識にキャッチされるのですから、これはコミュニケーションの一形態と考えてよいでしょう。

投影同一化は幼児的なコミュニケーションです。赤ん坊と母親のコミュニケーションを例にとってみましょう。赤ん坊はお腹が空くと、苦痛を体験します。しかし、ことばを持たない赤ん坊は、泣き叫ぶことしかできません。ここにはいくつかの意味合いがあります。大人は空腹を体験しても通常泣き叫びませんし、赤ん坊ほど激しい苦痛を体験していません。それはひとつには、大人は自分の苦痛が空腹という事態であるとことばで理解することができるからです。大人でもことばで表現できない苦痛を体験すると、そのときには恐怖を感じるでしょう。パニック発作を主症状とするパニック障害を例に取ってみましょう。初回のパニック発作は、激烈な体験であり、名状しがたい恐怖を惹起するので、患者は自分がこのまま死ぬのではないかという不安を感じます。ことばで表現できない恐怖を体験し、まさにパニックに陥ります。しかし、各種身体的精査で異常なく、精神科受診を促され、精神科医からパニック障害の説明を受けると、次にまったく同じパニック発作を体験しても、苦痛それ自体は変わらなくても、恐怖は若干和らいでいることが多いようです。自分の名状しがたい体験がパニック発作であるとことばで説明されたことが恐怖の緩和に寄与しています。ことばそれ自体が苦痛を和らげる力を持っているのです。赤ん坊はことばを持っていないので、その苦痛や恐怖は相当のものでしょう。そして、泣き叫ぶことで、自分の内部にある苦痛を自分の外部に排出しようとしているようです。赤ん坊が泣き叫んでいると、母親は苦痛を感じます。つまり、赤ん坊は泣き叫ぶことによって、苦痛を母親にコミュニケートしているわけです。苦痛を感じた母親は、赤ん坊の苦痛の原因について想いをめぐらせ、それが空腹であると理解したら、赤ん坊に授乳するでしょう。赤ん坊は、母親に自分の苦痛を排出し（投影）、母親が自分の苦痛を感じるようにしている（同一化）のです。

投影同一化の一義的機能は排出ですが、それを他者がキャッチしたらそれはコミュニケーションとなります。これは幼児的コミュニケーションではありますが、大人でも多かれ少なかれ使用されています。特に恋愛関係、夫婦関係、親子関係のような「親密な関係」において使用されます。それは親密な関係において、人は退行（子ども返りのことです）しますので、その分、幼児的なコミュニケーションが生じやすくなるからです。

クライアントの転移は、投影同一化を介して、セラピストの逆転移を喚起します。これが単なる排出となってしまうと、クライアントの台本がそのまま反復される結果となります。排出をコミュニケーションとすることで、反復が堰き止められて、台本が改変される可能性が生起するのです。精神分析が転移解釈を一義的な技法としているのは、ひとつには転移を言語的に解釈することで、対象関係の変容をもたらすことを目指しているからです。

投影同一化は幼児的な機制ですので、重篤な病理を持ち退行傾向が強いクライアントの場合、心理療法の初期から、あるいは、初回面接から使用してきます。一例を挙げてみましょう。

【初回面接から投影同一化を使用したケース】

ケースは精神科外来を訪れた女子大学生の患者です。初診の最初から投影同一化を使用してきた例でわかりやすいので、私が学生相談で経験した事例ではありませんが、事例自体は大学生でもあり取り上げます。この患者とは一度会ったきりです。

その患者は、特に付き添いもなく、一人で来院しました。診察室に入ってきた患者はインテイク用紙に大学生であること以外何も記入していませんでした（このこと自体はさほど珍しいことではありません）ので、私は型通り主訴の聴取から始めることにして、「本日はどのようなことでいらっしゃいましたか？」と尋ねました。彼女は、ぶすっとした様子で、吐き捨てるように、「こんなところに来ても何の役にも立たない」と言いました。この外来は予約制ではなかったこともあり、待合は患者で溢れており大変忙しいものでした。もし、これが普通の医師であれば、怒りを感じ、中には患者に怒りをぶつける人もいるでしょう。しかし、私は、この時点で彼女の対象関係について想いを馳せ、おそらく彼女の対象関係は、ケアを求める自己とケアを与えるべきなのに逆に攻撃してくる対象というものなのだろうと想定しました。もちろん、分析的セラピーの中での出来事ではありませんので、そのような解釈はしませんでした。私は、彼女の台本に乗ることをせず、彼女に対して穏やかに、またこの場が彼女の困っていることの解決に役に立つかもしれないと思ったら再来したらどうだろうかと提案しました。彼女は、それに対してしばらく押し黙ったままでした。その後、まったく納得していない様子で、私に対して攻撃的な内容のことを話していました。私は主訴だけでも明瞭にした方がよいだろうと思い、さまざまに工夫して質問したのですが、彼女は答えることを拒否するか、要領を得ないことを言うかのどちらかでした。私はだんだんと苛立ちを感じるようになりましたが、この苛立ちは彼女の投影同一化を介して彼女が持ち込んだものであろうと理解することで、何とかそれを持ちこたえました。

三〇分ほど粘り強く対応したのですが、ついには、彼女は、怒りを爆発させ、診察室のドアを荒々しく閉め、出ていきました。彼女は受付で診察料も払わず帰りました。私の中には、怒りと空虚感のみが残りました。この感情は、もともとは彼女のものであり、彼女が自分の中に抱えることができず、私の中に排出したものでしょう。

このケースは、学生相談のケースでもなく、また、精神分析的心理療法を行ったケースでもありません。初回面接から強力な投影同一化を使用してきたケースの典型であると思われますので、説明のために取り上げました。彼女が投影同一化を介して、セラピストが彼女の内的対象と一致するように強力な圧力をかけてきたことがわかると思います。

転移と逆転移をつなぐものとして投影同一化について説明しました。先ほども述べましたように投影同一化という用語は説明概念としては便利ですが、実際の臨床に使用するには粗雑な理屈なので、読者はいったんこの用語を忘れても構いません。むしろ忘れた方がよいでしょう。現実にセッションの中で生起していることは名状し難い事態です。それらを完全に言語化することは不可能です。その事態に投影同一化という用語を当てはめてしまうと、失われてしまうことが多すぎます。ことばにしてしまうと、ことばにできないことは見失われてしまいます。臨床の基本姿勢は、セッションの中で生起していることを十分に味わった後に、自分のことばでその本質を言語化することでしょう。その際、失われてしまうことにも十分に目を配ることが大切です。場合によっては、セラピストが沈黙を守ることが最も大切な局面もあります。

精神分析臨床において、面接室の中で生起している出来事をことばでクライアントに伝えることを解釈と呼びます。次に精神分析の特権的技法である解釈について説明しておきましょう。

4　解釈——精神分析の中心的技法

技法的観点から見れば、精神分析を他の心理臨床学派と最もよく分かつものは解釈です。解釈は精神分析実践における中心的、特権的技法です。そして、精神分析の解釈の対象は転移です。つまり、精神分析実践において、セラピストは主として転移解釈を行うということになります。私は与しませんが、セラピストはセッションにおいて、転移解釈しかしない方がよいという考えも、精神分析業界において少なからず支持を集めています。

精神分析においてなぜこれほどまでに解釈が重視されているのかという疑問の答えは、各精神分析臨床家が抱いている精神分析臨床についての理念と関係しています。本書は精神分析そのものをテーマとしたものではありませんので、その点に関しては成書に譲ることにして、ここでは私が考える解釈の機能について説明したいと思います。

私は精神分析の目的は、自由連想に近づくこと、夢を見ることができるようになること、そして、退行を許容できるようになることと考えています。それを通して、こころの中の台本の強制力が弱まり、内的に自由になり、そして、ゆとりを持って主体的に人生を生きることが可能になると私は考えています。私はこのような理念を持っていますので、私にとって解釈は自由連想を促進することが最も重要な機能ということになります。解釈について、クライアントのこころの中に隠されている無意識を、セラピストが言い当てるというイメージが持たれています。私はこのような発見モデルに与しません。私は、解釈により自由連想が促進され、クライアントの中にある理解や物語が創造されると考えています。それらの理解や物語は真実や事実である必要はありません（ただし、真実性や事実性を帯びていることが必要です）。それは創造的、そして、美的体験なのです。多くの人は、美しいという情緒状態を体験できますが、美とは何かについては、それが何千年にもわたる哲学的問題であるにもかかわらず、いまだ解明されていません。もちろん、科学では決して解明できないでしょう。誰もが体験できることでも、解明されていないことはあるのです。精神分析の意義もそのようなものだと思います。

私はこのような考えを持っていますので、ある解釈が思い浮かんだとき、それを伝えるときと伝えないときがあります。自由連想を促進すると思えば解釈しますし、自由連想を阻害すると思えば解釈を控えます。もちろん、常に正しい判断ができるわけではありません。しばしば、解釈をした方がよい局面で解釈をしなかったり、解釈しない方がよい局面で解釈をしてしまいます。そのどちらの悪影響が大きいだろうかということを考え、私は基本的に控えめなセラピストとして機能することにしています。解釈をしないで生じるネガティブな影響と、解釈をしたがゆえに生じるネガティブな影響を比較すれば、控えめでいた方が自由連想を阻害しませんし、心理療法プロセスの自発性も損ねないと考えます。

今、私は、解釈は控えめにすると言いました。このことは、私がセッションに臨むとき、解釈以外の介入が多いということを意味しません。私は解釈以外の介入に関しては、解釈以上に控えめです。要するに、精神分析実践において、私は基本沈黙しているということになります。最小限の相槌（何となくの考えなしの相槌を打つことはしません。この場合の相槌は基本解釈に準じた意味合いで打つことになります）と解釈が実践において私が行う臨床行為のほとんどです。このセラピストのあり様は、カウチを使用するという設定でないと難しいかもしれません。

対面で相槌をあまり打たないというのはクライアントにとっては耐え難い設定かもしれません。このような設定は、あくまで精神分析的心理療法の実践の中でのみ有用です。

解釈の内容については、先ほど述べましたように転移をめぐるものとなります。セラピストは、自らの逆転移を基にして転移を理解し、それを解釈としてクライアントに伝えるわけです。これは、一見難しく思えるかもしれませんが、誰もが親密な関係性の中で無意識的に行っていることであります。親密な関係の中で、人は相手の気持ちや考えを知りたいと思い、さまざまに想いを巡らせるでしょう。そして、関係を深めるために、ある理解を伝えることもあるでしょう。場合によっては、逆に理解を伝えることを控えることもあるでしょう。この交流を洗練させ、職業的レベルで安定して行うのが精神分析実践です。人は親密な関係の中で変化するのです。ただ、それは他者のあり方に対して開かれている場合です。親密な関係の中で、こころの台本を反復するだけでは、対象関係が変化するどころか、一層強化されます。反復を引き受けつつ、それを堰き止めて、新しい要素を創造することが精神分析臨床の本質です。

本書の目的は、精神分析的心理療法そのものの説明ではなく、学生相談への精神分析的観点の応用です。読者も、精神分析にあまり馴染のない臨床家、ないし、初心の臨床家を想定しています。それゆえ、精神分析に関する知識はこれくらいで十分なので、次章からの実践編を読み進めてもらえればと思います。ただし、中には精神分析を自らの専門として臨床実践を行いたいという動機づけを持っている読者もいらっしゃるでしょう。その方たちのために、学生相談という場における精神分析的心理療法の実践を素描した章も用意しました。

第二部　実践の中に

第三章　初回面接——一期一会を基本に

いよいよ学生相談の実践に入っていきたいと思います。この章では、学生相談における初回面接について検討したいと思います。まず、精神分析的心理療法一般に共通する初回面接の基本について述べた後に、学生相談の特異性を加味した初回面接の考え方について説明したいと思います。

1　初回面接の基本姿勢

当たり前ですが、初回面接は出会いのときです。セラピストはクライアントについてある程度の情報を前もって持っている場合もあります。しかし、セラピストが臨床に使える情報は主として面接の場から得られるものです。それ以外の情報は参考程度にしか使えません。精神分析的セラピーはこころという目には見えないものを扱うものですので、客観的な情報はむしろ主観的情報を見えにくくする可能性もあります。セラピストは、前もって情報を得ていても、それをひとまずはこころの片隅に置いておき、先入観なしに初回面接に臨むとよいでしょう。

前章で転移と逆転移について説明しました。その際に、セラピストの個人的病理の表れとしての逆転移について説明しました。クライアントの無意識をセラピストの無意識がキャッチするように、セラピストの無意識はクライアントの無意識にキャッチされます。すると、セラピストの転移（個人的逆転移）に反応して、クライアントの側に逆転移が生成することになります。これはセラピーにとっては問題ですが、セラピストも普通の人間ですので、完全に避けることはできません。カウチ設定であっても、完全にその事態を回避することはできませんが、対面よりはまだましかもしれません。しかし、多くの学生相談の現場は対面の設定です。

初回でも、セラピストとクライアントの間に活発な無意識的交流が起こります。それによって生起する事態（転移状況）は、クライアントの寄与もありますが、セラピストの寄与もあります。さらに、回数を重ねれば重ねるほど、転移状況に寄与する要因が集積し、事態はなお一層複雑になります。つまり、初回面接は、クライアントが比較的（初回から相互的な交流が生起していますので、あくまで比較の話です）純粋に素材を持ち込みやすいと言えるでしょう。したがって、初回面接は、できるだけクライアントの持ち込む素材を味わうことに専念するとよいでしょう。間違っても情報を得ることに固執してはいけません。心理療法の経過を振り返ると、初回面接に重要な素材が既に表れていたということは多くのセラピストが経験していることでしょう。初回で勝負が決まるとまでは言いませんが、セラピストがそのようなつもりでいることは有益です。

精神分析的セラピーであれば、初回面接後に予備面接を導入するかどうかの決断をする必要があります。予備面接導入の基準に関してはさまざまな理屈がありますが、まだ、セラピーの契約をする前の段階ということで、契約の決断に比べると比較的に直観の要素が多くなることが通常です。直観的な決断とは逆転移に他なりません。それゆえ、精神分析的セラピーにおいては、セラピストは、何故このクライアントに予備面接を導入したのかをよくよく内省する必要があります。

予備面接を行い、このクライアントに精神分析的心理療法を提供することは意義があると判断されたら、契約を提案することになります。この辺りの説明は本書の役割を超えているので詳述することは避けますが、最終的な決断は各セラピストの精神分析臨床観ないし理念と関係しています。あるセラピストが精神分析的セラピーの適応と考えたクライアントを、他の人が非適応と考えることもよくあることです。それは精神分析が科学ではないということを意味しており、弱味でもありますが、その個別性が精神分析の意義でもあります。

2　通常の心理臨床における初回面接の実際――主訴をめぐって

初回面接で情報を収集することに固執しない方がよいと言いましたが、それはセラピストが何もしないで、クライアントに自由に語らせるという意味ではありません。クライアントが最初から精神分析的セラピーを求めて来るという事態は稀です。また、初回で終わる可能性もあるわけです。ただ、漫然と話を聴いて、初回で面接を終了させるというのは現実的ではないでしょう。そこで、初回面接では、セラピストは、主訴をめぐる語りに注目して、その語りを促進する介入を行うとよいでしょう。場合によっては解釈をしてもよいと思います。

初回面接において、主訴がどのような性質のものであるか、それをどのように語るか、そこにどのような情緒が含まれるか、そして、それを通してどのような無意識的コミュニケーションが生起するのか、などを考えることになります。そして、通常の精神分析的心理療法であれば、それらの素材を吟味した上で、予備面接に導入するかどうかを決断することになります。また、予備面接に導入しない場合は、どのような臨床的サービスを提供するかについて検討することになります。自分は精神分析的臨床しかやりたくないという非臨床的な姿勢を持つ臨床家ではない限り、つまり、目の前のクライアントに少しでも役立つことをしたいという姿勢を持つ普通の臨床家ならば、最善と思われる臨床的サービスを提供しようとするでしょう。そのためには、臨床家は引き出しを多く持つべきです。前にも述べましたが、やはり認知行動療法的アプローチの基本は理解しておき、そのエッセンスを実践できるようになっておくべきでしょう。要するに、臨床家であるならば、プライマリケアはできなければならないということです。その上で、目の前のクライアントには専門的な心理的援助が必要であると評価し、自分がそれを提供する能力がないということであれば、その道の専門家に紹介することになります。しかし、そこまで専門的な援助が必要なクライアントはそれほど多くはないと思います。

私は、精神分析的心理療法はどのような人にでもある程度は役に立つと信じていますが、受ける準備が内的に整っていない人が相当数いると考えます。準備が整ってない人に精神分析的心理療法を導入しても、長続きしないことが多いですし、よい結果を生むことも少ないようです。私にとって、精神分析的心理療法の適応は、それを受ける準備が内的に整っているか否かです。自分の中に自分ではどうにもならないものがあり、それを変えるためには、他者との関係の中でそれを体験し、考えていく必要があると無意識的に感じている人が精神分析的体験から何かを得られると私は考えています。初回面接では、準備がどの程度整っているかを直感的に理解することに主眼が置かれます。準備が整っていないか、あるいは、他の明確なニーズがある場合は、クライアントに役立つ他の臨床的介入を行うことになります。

3　初回面接のまとめ

精神分析的セラピーにおける初回面接の基本は、先入観をできるだけ控えて、クライアントの持ち込む素材を味わい、予備面接に導入するかどうか決断するということになります。その際、主訴をめぐる語りに注目するとよいでしょう。予備面接に導入しない場合も、可能な限りの心理的援助を提供するよう心がけましょう。

4　学生相談における初回面接

今まで、通常の心理臨床における初回面接について考えてみました。基本姿勢は、精神分析的セラピーでも、学生相談でもそれほど変わりはありません。しかし、学生相談はユニークな臨床の場であり、独特の理念を持っていますので、その特異性を斟酌し、初回面接に臨む必要があります。

第一章で述べましたように、学生相談は教育の一環です。精神分析的心理療法の目標のひとつである対象関係の変容は、対象関係がある程度固定してしまった大人のセラピーならばそのまま採用してもよいでしょうが、学生相談の場合は、その役割から、対象関係の変容よりは、こころの成長を目標とする方が、学生自身や大学のニーズとも合致します。そもそも、青年期の若者は、大人よりもはるかに柔軟なこころを持っており、そして、大人よりも良い出会いを持つ機会が多いと言えます。学生の対象関係は、現実の大学生活の中で十分に変容し得ると私は考えます。

学生相談につながらないように援助する

それゆえ、学生相談は、学生が大学内外でさまざまな体験ができるように援助することが基本であり、このことは、大学からも学生相談に期待されている役割です。そうなると、学生相談という場では、精神分析的心理療法そのものを提供するよりも、マネージメントが業務の中心となることになります。むしろ、精神分析的心理療法になるべく引き込まないという姿勢がセラピストに求められます。

その際に、セラピストが保つ最も成長促進的な態度はどのようなものでしょう。それは学生の成長力を信じて、見守るという態度です。大人はついお節介をしたくなりますが、それは学生にとっては余計なお世話です。本当にセラピストが学生の成長力を信じるならば、安心して学生を見守ることができるでしょう。学生に必要なのはセラピーの場でこころのあり方を見ていくことではなく、実生活で行動し、さまざまな経験を積んでいくことです。その中で、学生は迷いながら、躓きながら、傷つきながら成長していくことでしょう。

以上のような考えに基づき、私は、基本的に、学生相談において初回のみで面接を終了するよう心掛けていました。私は学生を学生相談につなげることが基本的によいことであるとは思っていません。むしろ、学生が学生生活の内外で、さまざまな体験をすることができるように、学生相談につながらないように援助することが大切だと思っています。

そのために、初回面接では、通常の心理療法における初回面接以上に、主訴の明確化に努め、その解決法の模索に焦点を当てることになります。つまり、セラピストの姿勢としては、学生と共に解決法について考えるというものになります。その際に、学生のパーソナリティの問題が関与しているとの理解がセラピストに生じることも多々ありますが、私はそのような際に精神分析的セラピーを勧めたり、学生のパーソナリティの問題を指摘するなどといったことをしません。ちなみに、解決について共に考えるという際に、おそらく、ほとんどの力動的心理臨床家は助言を控えるのではないかと思います（認知行動療法ではどうなのでしょう？）。心理臨床家は、助言は役に立たないということを叩き込まれています。また、そもそも学生相談に来る学生は、来所前から、家族、友人、恋人、教職員から助言を得ていて、それでも来ているのだから、助言は無駄との考えもあります。私は、説教臭くなるのを避けるという意味で、積極的には助言を行いませんが、他の心理臨床家と比べると助言をする方でしょう。それは正しい解決法を示唆するためではありません。それは既に誰かが提供した助言である場合も多々あります。さらに、人生において生じる困難は対人関係をめぐるものが多いと言えます。その解決はそもそも相手が自分のコントロールの及ばない他人である以上困難です。他人を変えることはできません。そして、自分を変えたところでそれがよい結果を産むことは少ないでしょう。

それではなぜ、私は学生に助言するのでしょう。それは学生に現実検討を促すためです。学生は、さまざまな人に相談し、助言を受けたにも関わらず来談したわけです。ここには、学生相談に対して、藁にもすがる思い、あるいは、魔術的期待があると考えてよいでしょう。私が、誰にでもできるような凡庸な助言をすると、学生は失望します。そして、現実感覚を取り戻します。選択肢はそれほどないということ、事態が打開できるかどうかの確証はないこと、を悟るわけです。つまり現実を認識するのです。そして、学生相談に失望した学生は、現実を見据えて、自分なりに行動します。それは解決に結びつく場合もありますし、解決しないこともあります。おそらく解決しないことの方が多いでしょう。それが人生です。人生は困難の連続であり、そのほとんどは解決できません。解決できないことは受け入れるしかありません。

事例を挙げてみましょう。

【境界性パーソナリティ障害を持つと思われる女性と交際している男子学生】

ある男子大学生が、交際相手のことを相談したいということで学生相談を訪れました。その男子大学生から聴取した限り、彼女は境界性パーソナリティ障害のようでした。彼女は精神科クリニックに通院中であり、そこでもそのように診断されているようでした。

彼女は彼に対して依存的であり、それに応じて見捨てられ不安も高まっていました。ふたりは半同棲状態でした。彼が翌日の一限の講義がある際に、彼女よりも早く眠ると、彼女の見捨てられる不安が高まり、彼を叩き起こすのでした。その上、彼女には不眠傾向があり、彼は彼女が寝付くまで眠ることができず、午前中の講義の出席が難しくなっていました。そのため、単位の取得が危うくなり、留年の危機を迎えていました。

そうこうしているうちに、彼は彼女をだんだん重荷に感じ始め、別れを切り出しました。すると、彼女は半狂乱になり、「別れるくらいなら死ぬ」とリストカットや過量服薬をするのでした。そして、ますます依存と見捨てられ不安を強めたのでした。

彼は友人に相談しましたが、友人の助言は別れた方がよいというものでした。しかし、彼は、自分が別れたら彼女が自殺するのではないかという不安があり、それもできませんでした。そこで、彼女に何とか対処できないかという期待を持って、学生相談を訪れたのでした。

私は、初回面接で以上のような話を聴きながら、彼のパーソナリティのあり方の問題にも気づきました。彼の退行促進的な振る舞いが彼女を一層退行させているようでした。しかしそこを何とかしたいというニーズは彼にないようでした。それゆえ、私はその点には特に触れませんでした。

一通り話を聴いた後、私は彼に次のように伝えました。「あなたは彼女のあり様について何とか対処したいと思っているようです。しかし、あなたが何とかしようとすればするほど彼女は子ども返りをして、行動はエスカレートするでしょう。今の状況を何とかしようするならば別れるしかないでしょう。」私の助言は、彼にとってはお馴染みのものであり、彼は失望したようでした。彼は自分でも別れたいのはやまやまだけれども、そうなると彼女の自殺の危険性が高くなり、それが心配だと述べました。そして、彼は私に専門家としての意見を尋ねました。「先生、僕が彼女と別れたら、彼女は自殺しませんかね？」彼が私にどのように言って欲しいかは痛いほどわかりましたが、私は事実を述べました。「あなたが彼女と別れたら、彼女が自殺する可能性はあります。」彼は意気消沈しました。「僕はどうしたらよいのでしょうか？」私は、「あなたはこのまま頑張ることで共倒れの道を選ぶことができます。現に、あなたは留年の危機にあります。または、彼女が自殺するリスクを引き受けて、事態を打開する道を選ぶこともできます。」彼は、わかりましたと言い、面接室を出ていきました。その後、一度も来所していません。

私が彼に伝えことは、彼の希望するあり方（彼が彼女にうまく対処することで彼女の精神状態が安定する。あるいは、穏便に彼女と別れる）ではどうにもならないこと、および、打開策にはかなりのリスクがあることだけです。要するに、事態はどうにもならないものだという考えを伝えただけです。私の助言はありきたりのものでした。魔法のような解決法はないということです。彼が学生相談に抱いていた期待を私は相当裏切ったと思います。また、私はただ現実を指摘し、凡庸な助言を伝えただけですので、私と彼のやり取りはおよそ心理面接という風情ではありません。その結果どうなったかは定かではありませんが、現実を突きつけられ、凡庸な助言を得た彼は、一方で失望したようでしたが、一方で少しほっとしたようでした。人は、よりよく対処できると思うと惑いますが、これぐらいしかできないと思うと安心するようです。そこに専門家の助言の効用があるのかもしれません。

5　学生相談における初回面接をめぐるあれこれ

少しまとめてみましょう。学生相談の初回面接において、私は学生が持ち込んだ素材をできるだけ味わったのちに、ある程度の理解を試み、そして、学生のニーズ（意識的、無意識的）を検討し、なにがしかのコメント（理解、助言、マネージメント、指示）を行い、それで終了とします。もちろん、初回面接で終了とならない場合もあります。あるいは、継続面接が望ましい場合もあります。さらには、精神分析的心理療法を導入するケースも少数ながら存在します。初回面接以降のプロセスについては、次章以降で説明しますが、理解がしやすいように、ここで簡単に素描しておきます。

私の基本姿勢は初回で終了ですが、その際に、また何か相談したいことが出てきたら、再来するよう指示しています。初回のみで、その後姿を見せない学生もいますが、ときたま再来する学生もいます。このパターンが私の学生相談の基本的あり方です。

つまり、私の学生相談の基本はオンデマンド心理療法ということです。その一回一回が勝負です。初回面接では、一期一会と考え、これが今生の別れという気持ちで出会いを体験するとよいと思います。もちろん、これは比較的健康なこころを有している学生に関してのことです。また、健康な学生であっても、自ら継続面接を求める学生も当然ながらいます。その場合は、受け入れますが、受け入れながらも、できるだけ短い期間で終了にもっていくように努めます。この場合、精神分析的心理療法を導入することはしません。基本的には短期終結を目指した問題解決指向の支持的心理療法ということになります。セラピストがこのような臨床姿勢を保持していれば、通常四～五回で、学生自ら終了を言い出します。初回終了であっても、短期終了であっても、その後はオンデマンドです。

もちろん学生相談につながることの利益が大きい学生もいます。それは、精神病（統合失調症、気分障害）、発達障害、パーソナリティ障害を持つ学生です。彼らの一部は精神科に通院しており、そこでもマネージメントを提供される機会を持っています。しかし、主治医は個々の大学の環境や事情をほとんど知りません。特に学生にとって重要な教学上の情報をほとんど持っていません。このような学生には、学生生活を全うするために、さまざまな援助が必要です。マネージメントを適切に行うために、ある程度定期的に来所してもらい、現状についてセラピストが知っておく必要があります。これは、単に学生が大学生活をスムーズに送るための援助を受けるということに留まりません。教育的配慮をベースとした、心理療法的マネージメントを提供することを通して、学生がより一層の人間的成長を遂げることを目的としています。

ごく稀に精神分析的体験を求める学生がいます。もちろん、学生は精神分析に関する知識を持っていませんので、無意識的な希求です。私の感覚では、そのような希求を持っているのは学生相談を訪れる学生の一パーセント程度でしょうか。そのようなニードを有する学生には、精神分析的心理療法を提供することになります。まず、初回面接で、セラピストは学生の精神分析的体験への無意識的な希求を直観する必要があります。私を含めて普通のセラピストの直観はおおむね外れますので、その後、予備面接を数回行い、その直観を吟味する必要があります。予備面接を通じて、その直観に従い精神分析的心理療法を導入する決意が固まったら、学生に提案することになります。もっとも、予備面接を行っていても、結果としてその直観が間違っていたということは頻繁に起こります。しかし、間違うこともあるからと言って、予備面接は疎かにしてよいものではありません。プロの矜持として全精力を傾けて予備面接に臨むべきでしょう。しかし、直観が間違っていたときは、こだわりを捨て、すぐに路線を変更するという柔軟性も必要です。

この後、本書では、比較的健康な学生を対象にしたオンデマンド心理療法、比較的病理が重い学生を対象にした支持的心理療法（マネージメントを含む）、精神分析的体験を求める学生を対象にした精神分析的心理療法について、各章において実例を挙げながら解説したいと思います。

第四章　オンデマンド心理療法——健康な学生の場合

この章は比較的健康な学生を対象としたオンデマンド心理療法について解説します。

既に述べましたように、この心理療法は一期一会を基本としていますので、心理療法としては最も難易度が高いものの一つと思われます。次回があるならば、面接の中で十分に扱えなかった素材も、また扱える機会がいずれ訪れます。これが今生の別れとなると、そこで与えてしまったネガティブな影響は取り返しのつかないものとなるでしょう。一回で中断する心理療法は案外多いものです。私は普段、医療機関で外来をやっていることもあり、患者さんから「カウンセリングを受けたのですが、カウンセラーはただ頷くだけで、これでは意味がないと思い、一回でやめました」という話を頻繁に聞かされます。かつて、わが国では、共感的応答が大切という心理臨床文化が主流でした。今でもそれなりに強い影響力を保持しています。私の臨床スタンスがそのような心理療法とは相当異なるとは言え、共感的応答を中心とする心理療法がそれなりに役立つものであることに異論はありません。ただし、それは継続する心理療法においてのみです。一度しか行われなかった面接においては、特別な影響を与えなかったという結果に終われば、それは最善の結果と考えてよいでしょう。しかし、そのとき、大概のクライアントは、大げさに言えば、心理療法に絶望します。そして、そのようなクライアントは、最悪の場合二度と、あるいはよくてもしばらく心理療法を受けることはありません。私は、医療の現場、学生相談、心理療法の専門施設で幾度となくクライアント自身からこのことを聞かされました。これでは、クライアントは、本来ならば自分の役に立つかもしれない経験を享受する機会を奪われていることになります。社会人である大人のクライアントの場合は、それも人生と言ってよいかもしれませんが、学生相談は教育の一環である以上、大人が対象の心理療法と同じ姿勢でよしとするわけにもいきません。

念のために言っておきますが、私は、クライアントが心理療法に絶望することが悪いことだとは思っていません。セラピストがそこに自覚的であるのなら、それはクライアントにとって意味のある体験となる場合もあります。問題は、セラピストが無自覚な場合です。

話を元に戻しましょう。学生相談におけるオンデマンド心理療法は、継続面接を指向せず、一期一会を基本とします。セラピストは、常にその一回（多くても四〜五回）で終了する意識を持っています。そのためには、セラピストは、その一回で学生が持ち込むテーマの最も重要な部分を理解する必要があります。理解した上で、その素材を心理療法的に扱うか、あるいは、マネージメントで取り扱うか、について決断した上で介入することになります。心理療法的に扱う場合は、学生が持ち込む素材についての力動的理解を伝えることになります。ときに転移解釈をする場合もあります。マネージメントに関しては、対処可能ならば対処について助言や指示を与えますし、対処不能ならばその旨を伝えます。対処不能を伝えることの意義について疑問を感じるかもしれませんが、対処できるかもしれないと思うから、葛藤や不安が生じるので、対処できないことを納得すれば、情動は案外と安定するものです。

便宜上、心理療法的扱いとマネージメントに分けましたが、これらは本質を同じくすると考えた方がよいでしょう。基本は、最も適切と思われる介入をするということです。マネージメントを行う場合も、それがひとつの解釈となっているということを意識することが肝要です。

1　オンデマンド心理療法の適応となる学生

先ほども述べましたように、オンデマンド心理療法の適応となる学生は、比較的健康度の高い学生です。読者の中には、比較的健康度が高いのに、なぜ学生相談を訪れるのだろうと疑問を持つ方もいらっしゃるかもしれません。

私は精神科医ということもあり、学生相談に携わっている間、比較的病理の重い学生を引き受ける機会が多かったと言えます。学生相談には通常、臨床心理士もおり（臨床心理士のみの学生相談機関の方が多いかもしれません）、私が勤務していた大学では、比較的健康な学生は臨床心理士が担当していました。それでも、当時、私が担当した学生を振り返ってみると、学生相談を訪れるのは、比較的健康な学生が多いという印象があります。これは、私が通常医療機関で、学生相談とは比べ物にならない重篤な患者さんを多数診ていることが影響しているのかもしれません。

いずれにせよ、健康な学生は「症状」というよりも、「悩み」を主訴に来所します。悩みの内容は多種多様ですが、対人関係をめぐるものがやはり最も多いようです。友人・恋人・家族、先輩・後輩、教員との関係についての悩みは学生相談の定番でしょう。中にはハラスメントの相談という深刻なものもあります。次に多いのは、学習や進路をめぐる悩みです。大学によっては、学生相談とは別に学習や進路をめぐる悩みを相談できる部署があります。自分の行動や心のあり方についての悩みも少なからずあります。対人恐怖的なテーマも学生相談の定番と言えそうです。悩みというよりも不安・恐怖、強迫症状、解離症状などの神経症的症状を主訴とするものもあります。私は神経症的症状を呈する学生については、精神科受診を勧めており、学生相談で継続的心理療法の提供を提示することはありません。学生相談は原則として治療機関ではないと考えているからです。ここで言う治療とは、症状や苦痛の軽減という意味で用いています。神経症症状を持っている学生で継続面接をする場合もあります。それは、神経症症状の背後に重篤な病理を持っていると判断された場合と精神分析的心理療法を行う場合です。ただし、いずれも治療的関与ではありません。前者の場合は、次章で説明する支持的心理療法を行います。後者の場合は、私には症状の改善を目指すような治療を提供するつもりはなく、精神分析的体験がその学生の人生に役立つとの判断の下に実践しています。

再度強調しますが、学生相談は治療機関ではないので、治療に関しては精神科受診を勧めることになります。しかし、勧めたにも関わらず受診しない学生も数多くいました。それは学生の選択である以上仕方がないことです。しかし、受診するかどうかわからないからと言って、専門家としての義務を放棄するわけにもいきませんで、必要だと思えば、受診を促していました。

2　オンデマンド心理療法の実際

いくつか事例を挙げながら、オンデマンド心理療法について解説したいと思います。

【卒業まで折にふれて数回来所した女子学生】

彼女が最初に訪れたのは、大学三年になったばかりの春でした。彼女は友人との関係に悩みを持っていました。彼女は、知的な雰囲気を纏い、語り口調は適度に感情を込めたもので、内容は論理的でした。服装はカジュアルですが、地味でもなく、華美でもなく、学生らしいものでした。

彼女の主訴は、大学二年まで仲の良かった女子学生との関係が悪くなっているというものでした。関係が悪くなったきっかけは、ある男子学生をめぐる三角関係のようでした。私は、三角関係の現状とそれをめぐる彼女の気持ちに焦点を当てつつ、彼女の話を傾聴しました。彼女の話の中心的テーマは、その男子学生への不信感のようでした。そのことに彼女はあまり自覚的ではなく、彼女の意識はその女子学生との関係の修復に集中していました。彼女は関係修復のためにできることはしているようですが、結果は思わしくありませんでした。面接の終了時間が迫ってきたあたりで、私は彼女に次のように伝えました。「あなたと女子学生の関係修復に関しては、あなたは既にできることをしているので、あとは相手次第でしょう。相手次第なので、うまくいくかもしれませんが、うまくいかない可能性もそれ相応に高いと言えます。ところで、あなたは女子学生との関係修復について主として語りましたが、あなたが本当に苦しんでいるのは男子学生への不信感のような気がします。」すると、彼女は、何事かに想いを巡らせているようで、少し沈黙していました。そして、彼女の父親への不信感について少し連想しました。終了時に、彼女は今後どうしたらよいのだろうと言いました。私は、今回のエピソードは、たまたま起こった事件ではなく、彼女の本質的な葛藤や不安の表れだろうと理解しましたが、彼女の健康度や対処能力を考えると、自分なりに考え、行動しながら成長できるだろうと判断し、継続的な心理療法を提案しませんでした。私は彼女に、「あなたが思うようにやってみて、また必要だったら、相談に来てください」と伝えました。彼女は頷き、しっかりとした足取りで退室しました。その後、しばらく彼女は姿を見せませんでした。

彼女が再び現れたのは、大学四年の夏でした。このときの彼女の悩みは進路にまつわるものでした。彼女は、大学院進学か就職かで悩んでいました。面接の中で、彼女は大学院進学と就職のそれぞれのメリット・デメリットについて語りました。私は、彼女がそこまでさまざまな観点から検討しているのであれば、ここで相談する必要はないのではないかと思いました。私は、彼女が今回、何故来所したのかということについて想いを巡らせました。私は、彼女が前回、父親への不信感を口にしていたことを思い出しました。キャリアは父親に通じる何かなのでしょう。彼女は自分のキャリアについて想いを巡らせることで、父親との葛藤をワークしようとしていたのかもしれません。父親は、本来、母子関係を第三者に開く存在です。そして、それは社会への参加という意味合いもあります。つまり、父親は社会への橋渡し機能を持っているのです。このとき、私は彼女にとって、キャリアについて相談できる、つまり、社会に橋渡しする良い父親となっているのかもしれないと思いました。彼女は私に進路について助言を求めているのではなく、良い父親による是認を求めているのだろうと私は理解しました。私は、彼女に次のように伝えました。「あなたは大学院進学と就職についてよく考えていると思います。その上で、あなたが下した決断であれば、それは正しい決断だと思います。どのような決断をしても人は後に後悔するものです。しかし、たとえ後悔したとしても、それでもあなたの決断は正しかったのです。」彼女は、ほっとしたようで、もう少し自分で考えてみますと語り、退室しました。

三度目に彼女が現れたのは、卒業間近の冬でした。彼女は結局、就職の道を選んでいました。一流企業への就職が内定していました。今回の彼女の悩みは、世話になった教員からプライベートで誘われたことによる傷つきでした。その教員には妻子がいました。彼女は、怒りと悲しみがないまぜになった雰囲気を纏っていました。彼女はしっかりした学生なので、教員の誘いをはっきりと断りました。しかし、彼女は信頼していた教員から女性として見られているということに傷つきました。私は彼女の話を聞きながら、初回面接時に語られた男性への不信というテーマが再び浮上してきたことに注目しました。しかも、三角関係が反復されていました。二回目の面接時には、私は彼女の良い父親に是認されたいというニーズに応える対応をしました。しかし、それでは男性としての私＝父親に対する不信というテーマがワークされないままとなってしまったようです。そのテーマが私との間で心理療法的に取り扱われていないので、彼女は卒業間近に来所したのだろうと私は理解しました。私は次のように伝えました。「あなたは私にも不信感を持っているのでしょうね。」彼女は、そうかもしれないとつぶやきました。しかし、雰囲気はリラックスしたものになっていました。最後に、彼女は私に感謝の言葉を述べ、退室しました。

この事例をもう少し検討してみましょう。一度目の面接において、私は彼女の持つ葛藤・不安に対する力動的理解を伝えています。もちろん、一度目の面接の時点でそれが彼女の持つ基本的なこころのあり方であるとまでは理解していません。私は、ただ、そのときの彼女の語りや非言語的コミュニケーションから、最も重要と思われる素材に触れただけでした。二度目の面接の際、この葛藤・不安が父娘関係に由来するものであることが明らかになりました。この回は、そのことに対する理解を彼女に伝えていません。このときの彼女のニーズは、そのような理解を得ることではなく、良い（信頼できる）父親に是認されたいというものでした。私は、理解を伝える代わりに、良い父親の役割を果たすことを選びました。この局面は、彼女が自分の人生の進路について主体的な選択を取れるように援助することが大切であると判断したからです。しかし、彼女は良い父親からの是認を経験することができましたが、悪い（信頼できない）父親という対象関係がワークされないままとなっていました。そのため、卒業間近となった時点で、その素材を私との間でワークするために、彼女は学生相談を訪れたのでした。私は、起源となる父娘関係には触れずに、今‐ここでの私と彼女の関係として、その不信感を取り上げました。この介入は彼女に通じたようでした。

【一度きりの面接】

前章でも一度きりの面接の事例を取り上げました。私の場合、本書で説明したような臨床姿勢を持っているので、一度きりの面接で終了した事例は多数あるのですが、参考までにもう一例挙げておきましょう。

大学三年生の男子でした。彼は、他大学の女子学生と交際していたのですが、その女子学生が自殺したのでした。彼女は情動不安定でしたが、彼は献身的に世話をしていました。しかし、徐々に疲れがたまっていったようでした。その中で、彼と彼女の間に諍いが生じ、彼女は家を飛び出しました。そのまま彼女は帰らぬ人となりました。

彼は抑うつ的になりました。その姿を見ていたゼミの指導教員が心配をして、彼に学生相談に行くよう助言をしました。彼は、自分に心理的援助が必要とは思っていませんでしたが、指導教員の手前、不承不承学生相談を訪れました。

面接の中で、彼は一連の経過と、彼女を失った悲しみや彼女の取った行動への怒りなどを語りました。ただし、彼はそれを私に話したいといった風情ではなく、義務として話しているという雰囲気でした。話す雰囲気もやや淡々としたもので、それは感情が解離されているよりは、感情を無理矢理抑え込んでいるという感じで、痛々しいものでした。私は、彼が彼女の自殺という衝撃をまだ受け止めることができず、防衛的に振る舞っていると理解しました。しかし、それは病理的なあり方というよりも、自分のペースでさまざまな感情をワークしていこうとする彼の健康的なこころのあり方の表れだろうと私は考えました。また、彼には、彼女の死にまつわるさまざまな感情や葛藤を心理療法の中で扱っていくというニーズはないようでした。

彼は一通り話した後、自分は学生相談へのニーズはないのだが、専門家である私の意見を聞きたいと言いました。私は、彼に、「あなたはあなたのやり方で彼女の死と向き合っているようです。しばらくは、さまざまな感情に翻弄されるかもしれませんが、それを通してあなたの気持ちは整理されていくでしょう。それゆえ、学生相談に来ないで自分なりにやってみてもよいと思います。それでも、学生相談で相談することが自分には必要だと感じることがあれば、また来所してください」と伝えました。

彼は、少しほっとしたようでした。「ここに来ることはないと思います。でも、もし来ることがあればよろしくお願いします」と語り、彼は退室しました。その後、彼が学生相談を訪れることはありませんでした。

比較的健康な学生には、学生相談を必要なら利用できる場として認識してもらうだけでよい場合もあります。

【神経症症状(雷恐怖)を持つ男子学生】

彼は雷恐怖を持っていました。雷が自分に落ちる不安のため、雷発生件数が多い夏場はほとんど自宅に閉じこもっていました（幸いにも夏休み期間と重なっていました）。どうしても外出しなければならないときも主として地下道を利用して移動していました。また、夏に限らず、天気図を常時確認し、雷発生の可能性をチェックしていました。彼は自然科学系の学部の学生でしたので、ある面は非常に合理的で、雷に打たれる可能性が低いことは理解していましたが、可能性がゼロではないということに固執していました。

彼は、入学時から卒業まで不定期に数回来所しました。初回来所時に、私は、精神科受診を勧めました。認知行動療法や薬物療法の可能性を示唆しました。彼は、精神科受診を拒否しました。私は、雷恐怖に関して、学生相談でできることはないと伝えました。彼は了承し、初回は終了しました。

その後、彼は春と秋を中心に、数回来所しました。そして、私に雷がいかに怖いかという話とそれに自分がいかに対処しているかという話をしました。私は、彼はこの話を誰かにしたいと思い、来所しているのだろうと理解しました。家族は、彼のこの話をばかばかしい話だと思い、同じことを訴え続ける彼にうんざりしているようでした。また、彼は家族以外の人にこの話をすると、馬鹿にされるだろうという不安を持っていました。そのため、友人や大学の仲間には雷恐怖の話をしていませんでした。この話を聞いて、特別な反応を返さないのは私だけだったようです。ちなみに、私は、まったく共感的応答をしていません。共感的応答が彼の役に立つとは思えなかったからです。私は、ただ、毎回、彼の不安が過剰であることを指摘し、精神科受診をソフトに勧め続けただけです。しかし、彼は卒業まで遂に精神科を受診しませんでした。

彼が神経症であることは明らかで、健康とは言えません。学生生活にも多少支障が出ていましたが、単位は取れており、四年で卒業しています。私は、彼が学生相談に定期的に通ってもあまり利益はないと考えました。彼に必要なのは神経症の治療であって、それは精神科でなされるべきものと考えていたからです。前にも述べましたが、私は、学生相談は治療の場ではないと考えています。

学生相談に定期的に通所し、支持的心理療法を受ければ、彼の不安は一時的には軽減するかもしれません。しかし、私が実践したオンデマンド面接（彼に対して提供した援助に関しては、心理療法と呼ぶのは憚られます）でも、彼は十分に支えられ、無事卒業にこぎつけています。オンデマンドにすることで、そして、私の精神科受診の勧めを拒否することで、彼は自分で不安に対処することを余儀なくされたようです。それを通して自然と行動療法的効果が生じたとも言えます。もちろん、本格的な行動療法を行えばさらに改善したことでしょう。学生相談で行動療法を実践している臨床家もいるだろうと思います。私は、学生相談は治療の場ではないという考えの下、行動療法的エッセンスを用いることはありますが、行動療法そのものは行いません。

3　学生相談におけるオンデマンド心理療法の意義

オンデマンド心理療法のいくつかの事例を紹介しました。ここで、そのような臨床実践の意義について考えてみたいと思います。

前にも述べましたように、学生相談は教育の一環です。したがって、学生相談におけるオンデマンド心理療法は教育的配慮をベースにしています。教育的配慮とは、成長を促すということです。若者の成長を促すためには、見守るべきところは見守り、助言すべきところは助言し、禁止すべきところは禁止する必要があります。そして、学生に受け入れる準備が整って入れば、学生のこころのあり方に関する理解を伝えます。いずれにしても、前提として力動的理解が必要です。ただ正しいことを言うだけでは専門家とは言えません。ここに学生相談における精神分析的理解の有用性があります。もちろん、精神分析以外の考え方でもよいのではないかと思います。しかし、各臨床理論の比較は本書の役割ではありませんので、ここでは少なくとも精神分析的理解は学生相談において極めて有用であるということを強調するに留めておきます。

若者は他者との関係性の中で成長します。子どももそうですが、子どもはやはり親との関係が大きいでしょう。思春期以降になると、家族以外の他者との関係が成長の契機として非常に重要になります。その他者は、本来的には、セラピスト以外の人間であることが望ましいと私は考えます。極端な話をすれば、セラピストがあまりに受容的な態度で、学生を継続面接に引き込むと、学生はセラピストに依存してしまうかもしれません。学生は、セラピストほど受容的ではない友人、仲間、大学の教職員との関係から情緒的にひきこもってしまうかもしれません。そうなると、学生は現実の世界での人間関係を築く機会が奪われてしまうことになります。もちろん、これは極端な話です。しかし、まったくありえない話ではありません。次章で説明する重篤な病理を持つ学生となると、大学内に話をできる他者がまったくいないという学生もいました。唯一まとまった話ができるのがセラピストであったという学生を私は少なからず経験しました。

この章は健康度の高い学生を対象とした対応について取り扱っていますが、そのような学生であっても、継続的な面接の中で、他の人に話せない内容をセラピストに話していると、学生の親密度は当然のことながら上がっていきます。私は、学生はセラピストよりも、友人、恋人、先輩、後輩、教員と親密になった方がよいと思います。学生が不必要な親しみを感じない程度の距離を心理的にも物理的にも取ることが望ましいでしょう。セラピストは学生にとって、ときどき深刻な相談に乗ってくれる他者ぐらいの位置付けがよいと思います。感覚としては、叔父・伯父さん、叔母・伯母さんくらいの感じでしょうか。そのための設定がオンデマンド心理療法です。

4　まとめ

私の学生相談の基本的臨床実践は本章で説明したオンデマンド心理療法です。この設定・方法は、学生相談ならではのものでもあります。個人心理オフィス等、心理療法の専門施設では実現困難でしょう。あるいは医療分野における心理療法としても難しいと思います。これらの場では、経済的な理由からも、通常、心理療法の基本は定期的な継続面接となるからです。小学校、中学校、高校のスクールカウンセリングでも原則としては実践可能だとは思いますが、個別の事情もあると思われます。

この章では、オンデマンド心理療法の適応、実際、意義について説明しました。最後に、この設定の教育的意義について再度強調しました。

第五章　支持的心理療法
――精神病、発達障害、パーソナリティ障害を持つ学生

この章では、学生相談において定期的な面接を持った方がよい学生への心理療法について説明します。この心理療法は支持を基本とします。面接内での支持ということもありますが、学生生活の中でのトラブルも多発する傾向がありますので、面接外でのマネージメントも必須となります。対象となる学生は重篤な病理を持つ学生です。具体的には、精神病（統合失調症、気分障害）、発達障害、パーソナリティ障害です。もちろん、このような障害イコール重篤な病理というわけではありません。これらの障害の中にも、重症から軽症まで存在します。私がこの章で述べる心理的援助の対象と考えているのは、これらの障害の中でも重症な学生です。彼らは既に精神科に通院していて、主治医によるマネージメントを受けている場合も多いのですが、精神科の主治医は大学の環境や事情に精通していません。また彼らには学内におけるさまざまな援助も必要です。これらの学生に十分な援助を提供するためにも、セラピストは定期的な面接を持ち、学生の状態と状況を把握しておく必要があります。

彼らは学生生活において不適応を起こしている場合が多いので、学生相談における継続的面接を提案すると、特に抵抗も示さず、応諾することが多いのですが、中には学生相談での援助を拒否するケースもあります。特に学内でトラブルが生じた折に、周囲からの勧めで来談したときは、継続面接に至ることが難しいようです。そのときは、もちろん、強引に勧めない方がよいでしょう。再度、トラブルが生じる可能性が高いので、次の機会を伺う方がよいと思います。セラピストがあくまで大学組織と学生双方にとって中立的であるという立場を示すことが、彼らとの信頼関係を築く第一歩となります。ここで注意すべき点は、学生の味方であるという姿勢を示さない方がよいという点です。このことを強調するために、先ほど、「中立的」ということばを用いました。学生と信頼関係を結ぶことに固執すると、学生の味方であるかの如くの態度を知らず知らずに取ってしまうものです。なぜ、このような態度を取らない方がよいかについてはこの後説明します。

1　支持的心理療法とは

学生相談において、重篤な病理を持っている学生に対しては、継続的な支持的心理療法が望ましいと述べました。ところで、「支持」とは何でしょうか？　あるいは何を支持するのでしょうか？　私が考える支持とは、学生が自分の力で物事に対処することをサポートすることです。これは面接室内での介入の基本です。セラピストが学生に代わって物事に対処することは教育的ではありません。面接室内の臨床行為としてはこれで事足りますが、面接室外でのマネージメントとなると、そうもいかないこともあります。伝統的な心理療法観からは、セラピストは面接室外でのマネージメントをあまり行わない方がよいという見方もあり、この立場に立てば、何のジレンマもありません。ジレンマがない代わりに、このような重篤な病理を持つ学生に役に立つ心理臨床実践とはなりません。健康な学生に関しては、この姿勢でも問題ないでしょう。重篤な病理を持つ学生への有益な心理的援助において、面接室外でのマネージメントは必須となります。それは、学生の代わりに物事に対処するという側面を含む場合もあります。このことが必要な局面であったとしても、学生への支持を通してその成長に寄与するという観点から見れば、心理的援助にネガティブな影響を及ぼします。それゆえ、面接室外でのマネージメントを行う際には、まず、セラピストはその必要性を慎重に判断し、この件について学生と十分話し合った上で実行するべきです。そして、いずれは、学生がセラピストの助けを借りなくても、自ら行動できるようになるためのさまざまな配慮が必要となります。

学生を退行させないこと

さて、何故このような配慮が必要なのでしょう。積極的意味合いについては、既に述べたように、学生の成長を促すという教育的配慮です。しかし、もうひとつ重要な意味合いがあり、それは先ほど述べた中立的立場を取るということとも関係しています。重篤な病理を持つ学生は、退行（子ども返り）しやすいのです。退行すると、学生は物事に対して主体的に対処することが難しくなります。私たちは学生の成長を促すべきなので、退行の方向に促すのでは、方向がまったく逆となってしまいます。もちろん、前進するためには一時的な退行が必要な場合もあります。しかし、退行が成長に有用であるのは、退行がパーソナリティにおいて全面的に展開することのない比較的健康度の高いクライアントに限ります。重篤な病理を持つ学生には、全面的な退行を起こし、情動がますます不安定になり、危険な行為・行動が出現するリスクがあります。学生に対する支持的関与とは退行を促進しないようにすることです。

人が退行するのはどのようなときでしょうか？　それは、他者と親密になったとき、あるいは、他者にやさしくされたときです。退行を防止するために、セラピストには中立的態度が求められます。中立的態度とは決して冷たい態度のことではありません。あたたかい態度で現実を志向することです。学生の味方という態度は退行促進的なので控えるべきでしょう。

さすがに、学生の味方という態度を露骨に取るセラピストはいないと思いますが、心理臨床の上でもう少し微妙な問題が存在します。それは、前にも述べた、わが国の伝統的心理療法において主流であったセラピストの受容的・共感的な態度・応答という風潮のことです。私はこのような臨床に一定の価値を認める者ですが、重篤な病理を持つ学生に対する臨床姿勢としては極めて危険であると考えています。通常、クライアントは、セラピストが受容的・共感的態度を取ると、セラピストにわかってもらえたという感覚を持ちます。このわかってもらえたという感覚こそが退行促進的なのです。要するに、セラピストが受容的・共感的な態度・応答を取ると、学生は退行するということです。重篤な病理を持つ学生はそもそも退行しやすいのです。退行してどうなるかは既に述べました。私は、事例検討会などで、セラピストが受容的・共感的な態度・応答を取っているがゆえに、学生の行動化が頻発しているケースを散々見てきました。もちろん、少々の退行を持ちこたえることができる固い構造（たとえば入院をイメージしてみてください）を持つ精神科病院ならば、このような臨床姿勢で患者の改善に寄与することができるかもしれません。しかし、学生相談は心理臨床実践の場としては最も弱い構造の一つです。

ここで述べている支持的心理療法は、学生の退行を極力避けることを念頭に置きつつ、学生の対処能力の向上を目指すものということになります。しかし、この姿勢は原則的なものです。重篤な病理を持つ学生との心理的援助過程ではさまざまなことが起こります。原則を念頭に置きつつ、実際にはセラピストの柔軟性が要求されます。そのあたりは、事例を通して考えることにしましょう。

2　支持的心理療法の実際

ここでは、重篤な病理を持つ学生の事例をいくつか挙げ、支持的心理療法の実際について述べたいと思います。統合失調症、躁うつ病、境界性パーソナリティ障害、自己愛パーソナリティ障害を持つ学生の事例を取り上げます。ところで、近年、大学の学生相談において最も注目を集めているのは発達障害でしょう。しかし、本書では発達障害を持つ学生に対する心理的援助の事例については取り上げていません。これは、たまたま、私が継続的心理療法を行った事例に重篤な病理を持つ発達障害の学生がいなかったためです（スーパーヴィジョンやコンサルテーションなどで間接的に関わったケースは相当あります）。軽度の発達障害を持つ学生が学生相談を訪れることはよくありましたが、オンデマンド心理療法の適応が多く、継続的な支持的心理療法が必要であった事例はありませんでした。現在、私が勤務している精神科クリニックでは、外来患者の三割（男女共）が大人の発達障害です。その中には大学生も数多くいます。そこで得られた経験から、学生相談における発達障害援助について私なりの考えが形成されています。私自身の学生相談における経験から導かれたものではありませんが、それなりに読者のみなさんの参考になるものであると思われますので、後ほど提案という形で記述したいと思います。

【統合失調症を持つ男子学生】

彼は統合失調症で精神科に通院していましたが、家族の理解が不十分であり、通院や服薬は断続的でした。私彼が学生相談につながったのは、学内で精神運動興奮状態となり、事務から私に連絡が入ったからでした。私がかけつけると、彼は支離滅裂なことを叫びながら、興奮し暴れていました。私が静止しようとすると、私に殴り掛かってきましたが、殴ろうとした姿勢のまま、固まってしまいました。そのままの姿勢で学生相談室まで数人がかりで誘導しました。何とか椅子に座らせましたが、こちらの問いかけには一切応答しません。また、身動きもほとんどありませんでした。私はなす術もなく、彼の傍らで佇んでいました。

到底ひとりで家に帰れる状態ではありませんでしたので、家族に連絡を取ろうとしましたが、なかなか電話がつながりません。もちろん、一人にしておくこともできず、私は彼のそばに数時間ついていました。専門的に言えば、彼はカタレプシーの状態でしたが、いつまた精神運動興奮の状態になるか予想がつきませんので、かなり緊迫した状況でした。このような状態のときに通常使用する抗精神病薬もありませんでした。

やっと、家族と連絡が付き、夜もだいぶ更けたころに家族はやってきました。私は状況を説明しましたが、家族は彼の病気をあまり受け入れていないようでした。私は、彼と家族に、今後、学生生活を送っていく上で、さまざまな配慮が必要になると思われるので、学生相談に定期的に来所するよう求めました。家族は了承しましたが、彼はもちろん反応しませんでした。私は次回の予約を取りました。そして、家族は彼を連れて帰りました。

予約の日時になっても彼は姿を現しませんでした。しかし、数週間の後、彼はまたもや学内で精神運動興奮状態に陥り、私に連絡が来ました。私がかけつけると、ほぼ前回と同じような状態でしたが、前回と比べれば、少しですが話ができる状態でした。私は、彼を学生相談室に誘導した後、定期的に通所するよう説得しました。できれば週に一回の通所が望ましいと伝えました。彼は、最初はまったく拒否的でしたが、最後は妥協して月に一回の通所を了承しました。さらに、私は彼に対して、今後の学生生活のために、教員や事務と連携を取る必要性があるので、彼についての情報を共有する必要性を説明し、同意を取りました。当初、大学側は強制的な休学が必要との見解でしたが、私は大学当局と話し合い、学生相談への定期的通所との条件付きで、この事態は避けることができました。

それから、彼は月に一回通所してきました。しかし、学生相談を訪れても、彼は、いつも話すことはないと言って、十分足らずで面接室を出ていきました。数カ月経った頃、長期休暇中に彼は実家で精神病的破綻を起こし、精神科病院に入院となり、休学からそのまま退学となりました。彼の通院が不規則であるため、医療機関との連携が十分にできなかったことがとても悔やまれます。

統合失調症を持つ学生の援助は非常に困難です。支持的面接を行う以前に、相当のマネージメントが必要です。マネージメントのみに終始して、支持的心理療法ができないケースも珍しくありません。統合失調症の場合は、とにもかくにもマネージメントを十分に施行し、卒業を目指すことになります。この卒業自体が学生の今後の人生の支持となるとを祈りながら、そして、セラピストのマネージメントが支持的心理療法として機能することを願って、セラピストはマネージメントを行うことになります。

卒業までたどり着いたケースもいくつかありますが、それには何らかの幸運が必要のようです。しかも、学生相談の援助に対して拒否的ないし無関心な学生も少なからずいます。しかし、私たちの仕事は結果を保証できるものではありません。私たちにできることは最善を尽くすことだけです。学生相談において、統合失調症の治療を行うことはできません。私たちにできることは教育的な援助です。それは統合失調症の病状に対しては無力かもしれませんが、統合失調症を持つ学生の人生には有用であると私は信じています。

【躁うつ病を持つ女子学生】

彼女は当初うつ状態を主訴に学生相談を訪れました。うつ状態ということもあり、精神科受診を勧めました。

彼女はすぐに精神科を受診し、薬物療法が開始されました。また、うつ状態であり、今後大学生活において講義や実習などへの出席や卒業論文の作成に困難が生じる可能性が高く、さまざまな援助が必要となることが予想されたので、定期的な来所、できれば週に一回の来所が望ましい旨を伝えました。彼女は、自分も週に一回の相談を希望すると言いました。

薬物療法と支持的心理療法により、まもなく彼女の病状は改善し、それから一年は安定していたので、特別マネージメントを要することもありませんでした。心理療法の中では、彼女は家族関係をはじめとするさまざまな人間関係をめぐる葛藤について語りました。彼女は、それらの葛藤を持て余しており、情動不安定になることが多々ありました。私は、主として支持的なスタンスで傾聴していました。ときに生じる葛藤的エピソードについては、彼女の対処に焦点を当てて話し合いました。すると、彼女は、それらの葛藤について主体的に対処できるようになっていきました。私との間では穏やかな陽性の関係を築いていました。

一年ほど経った時、彼女は突如として躁転しました。性的逸脱行動などの問題行動が頻発しましたが、彼女はそれを家族に言えないでいました。家族も彼女の様子がおかしいとは思っていたようですが、さまざまな問題が生じていることには気づいていませんでした。もちろん、精神科では薬物療法の調整がなされていました。彼女の状態の評価や状況の説明については精神科主治医から家族になされるべきでしたが、彼女は私から家族に説明して欲しいと希望しました。

私は彼女の希望を聞きながら、次のようなことを考えました。生起している事態の根本は精神医学的症状である躁状態に起因している以上、家族への説明は主治医に任せた方がよいであろう。そして、彼女の問題行動に関しては、彼女自身が家族に話すべきであろう。彼女は退行状態でもあり、私への依存を強めているので、本来、主治医や彼女自身が果たすべき役割を私に担って欲しいと思っているのだろう。ここで彼女の依存を引き受けることは一層の退行を引き起こす可能性があるだろう。以上のようなことを考えつつも、私はこの局面では、彼女の私への甘えを一時的に引き受けることが彼女の成長に寄与すると思ったこと、そして、家族への説明を通して、彼女の家族との関係を強固にすることは今後の彼女への心理的援助に有用であろうと考え、私は彼女の希望を受け入れ、家族に説明することにしました。私は家族に、彼女の病状の説明と共に、問題行動について伝えました。家族は、普段まじめで大人しい彼女の思いもよらない問題行動を聞いたときは困惑していましたが、私が病状の面から丁寧に説明したので、納得したようでした。また、この件を通して、私と家族の関係は良好で強固なものとなりました。

その後も、彼女は躁状態とうつ状態を繰り返していきました。私は、私との関係で彼女を支えるということに主眼を置いていました。彼女の調子が悪いときは随時面接を提供していました。当時、私が勤めていた学生相談施設は、夏休みと冬休みがそれぞれ一週間ほどありました（通常の学生相談室に比べると期間が短いかもしれません。しかし、これ以上長いと重篤な病理を持つ学生の支持的心理療法は相当困難だと思われます）。当時勤めていた学生相談は、大学の長期休暇中も利用可能でした。ある時期、私が一週間の夏休みに入ったとき、彼女は躁状態であり、家族は対応に大変困っていました。良識がある家族でしたが、よっぽど困ったのでしょう。私が不在の学生相談室に連絡をしてきました。学生相談室から私の携帯に電話が入ってきました。私は夏休み中でしたが、毎日、彼女と電話で一〇分ほど話をしました。私と話をすると彼女は安心するのか、情動は安定したようでした。

このような形で数年にわたり何とか彼女を支えているうちに、私はその大学から異動となりました。

私の異動後、彼女は、大学の学生相談には来所せず、精神科受診をメインにして、私とは異動先の臨床心理相談室で、数カ月に一度面接を行うという形になりました。私の異動後、しばらくは、彼女は不安定でしたが、私が数カ月に一度支持的な面接を行っているうちに、気分変動の幅は小さくなっていきました。やがて、彼女の病状は寛解に至り、精神科への通院も終了となりました。私とも年賀状のやり取り程度になっていきました。その年賀状によって、彼女は大学卒業後数年して結婚したこと、さらに数年後に子どもを産んだことを私は知りました。私は、年賀状に返事をして、彼女の現状を祝福しました。そして、年賀状のやり取りもなくなりました。彼女は、私の存在を忘れ、今の生活を充実させているのでしょう。

良好な結果となったケースです。その時々は大変なこともありましたが、私と彼女との陽性の関係、および、私と彼女の家族との信頼関係によって、彼女は支えられたのだと思います。心理療法においては、基本的に、彼女が自ら判断し行動できるように支持的な姿勢を保ちましたが、マネージメントを要するときには彼女の退行を一時的に許容しました。危機的な状況を乗り越えた際には、再び彼女が自分の人生で主体性を発揮できるように援助するよう心掛けました。

【境界性パーソナリティ障害を持つ女子学生】

彼女は大学院修士課程の学生でした。学部は他大学ということもあり、大学院に進学後、初めて学生相談を訪れました。

彼女は学部時代から不安定であり、精神科に通院していました。大学院入学後、相変わらず情動不安定であり、些細な刺激を被害的に受け取り、他者に対して攻撃的言動を取ったり、状況をコントロールしようとして自傷行為や自殺企図を行っていました。教員の指導が厳しいと、急に部屋を飛び出し、屋上に行き、そこから飛び降りようとしたこともありました。

また、彼女には恋人がいました。恋人自身も情動不安定な人でした。お互いに刺激しあい、騒ぎが起きることも頻繁にありました。彼女の不安定さを持て余した指導教員が学内の学生相談にも通所するよう指示しました。彼女は、精神科ではあまり話を聞いてくれないということで、学生相談への定期的通所を希望しました。大学院ということもあり、心理療法の目的は、学生生活の充実と言うよりも、無事修士号を取得し、修了することとしました。困難を乗り越え、努力が修士号という形に結実することが、彼女の成長につながることを期待してのものでした。

彼女の情動は極めて不安定であり、衝動コントロールも不良なので、面接は週に二回としました。週一回の面接としても、予約なしで飛び込んでくることが十分に予想されたことと、週に一回の面接では抱えきれないだろうと考えたからです。家族や恋人との連携は必須と考え、家族面接は月に一回、恋人への介入は随時行いました。本人と家族の関係は相当葛藤的でしたので、関係性の修復に主眼を置いた親子合同面接も数回行いました。また、彼女は情動不安定なため、自分の能力を十分に発揮することができていませんでした。そのため、指導教員とも密に連絡を取り、彼女の修士論文作成にあたっての教育的援助についても話し合いを頻繁に持ちました。

それでも、さまざまな事件が起こりました。また、自傷や自殺企図が激しくなったときは、入院についても検討されましたが、入院は彼女の大学院生活に相当大きな影響を与えてしまうという状況があり、学生相談、家族、指導教員で彼女を支え、修士論文作成を中心とした学生生活を維持することにしました。

治療関係も決して安定したものではありませんでした。些細なことで、彼女は被害的になり、私に対して激しい攻撃的言動を向けてきました。私は、彼女の攻撃性を受けつつ、彼女が現実的なことに目を向けるよう介入していきました。私が彼女の攻撃性を十分受け止めると、彼女は少し落ち着くことができました。しかし、同じ状況が繰り返し生起しました。

最終的には、彼女は修士論文を仕上げ、論文発表会や修士論文の試問を乗り切り、修士号を獲得し、大学院を修了しました。そして、他大学の博士課程に進学しました。指導教員はさすがに彼女の指導はもうこりごりと言った風情で、自大学での博士課程進学を認めませんでした。

彼女は修士号を取得しましたので、学生相談での援助の目標は達成したことになります。しかし、彼女の病理が改善されたわけではありません。進学した博士課程でもさまざまなトラブルが生じていることを伝え聞きました。彼女のような重篤なパーソナリティ障害を持つ学生の場合、対象関係の変容のような成果を学生相談という弱い構造で目指すのは現実的ではありません。修士号取得という達成が、今後の彼女の人生において彼女を支持するものとなることを願っています。

【自己愛性パーソナリティ障害を持つ男子学生】

彼は優秀な学生でしたが、些細なことで自己愛が傷つき、そうなると他者に対して猛烈な怒りを表出するのでした。たとえば、彼が事務的手続きをしようと大学の事務部を訪れ、窓口の事務職員の態度が悪いと、彼は猛烈に怒り、暴言を吐き、対人暴力を振るわないまでも器物損壊をしました。大学の内外における器物損壊により警察のお世話になったことも数回ありました。

私と彼の最初の出会いは、事務部からの要請でした。彼が事務部で暴れているので、すぐに来てくださいというものでした。私が駆けつけると、事務の責任者が彼の相手をしていました。彼は憤懣やるかたないという風情で、その責任者に暴言を吐いていました。私は、彼の発言の内容から、彼は自己愛性パーソナリティ障害だろうと直観しました。その後、彼は精神科に通院中であることがわかり、学生相談で彼の面接をするにあたり紹介状を作成してもらいましたが、そこにも自己愛性パーソナリティ障害との診断が付けられていました。

彼の学業成績は優秀でしたが、自己愛的な言動が災いして、友人は少なかったようです。それでも高校くらいまでは、比較的親しい友人がいたようですが、大学ともなると、自己愛的なパーソナリティを持つ学生が友人を作るのは困難であり、大学では孤立した生活を送っていました。また、些細なことで猛烈に怒るので、周囲の学生は彼を遠ざけ、また、教員にも食ってかかるので、指導教員からも煙たがられていました。

話は戻りますが、私は事務部で興奮状態の彼を説得して、学生相談室まで連れていきました。そこで、まずは彼の言い分を聞くことにしました。彼の言い分は、受付担当の事務の態度が悪く、それで怒っているのであり、自分は正当であるというものでした。私は、彼の正当性へのコメントは避け、彼の自己愛の傷つきを取り上げました。私が彼の言動を非難するでもなく、彼の気持ちを取り上げながら聞いているのを見て、彼は徐々に落ち着いてきました。そして、彼は精神科に通院中であることも話しました。私は、特に理由を示さずに、彼に今後学生相談に定期的（週一回）に訪れることを提案しました。彼は了解しました。私が定期的な面接を提案したのは、この時点で重篤な自己愛性パーソナリティ障害であると評価したので、今後も同様のトラブルが繰り返されるだろうと判断したからです。彼の反応は強烈にして暴力的なので、トラブルを通して彼が成長する機会とするには、彼自身や彼の周囲に与える打撃が大き過ぎました。むしろ、トラブルが起こらないように、彼が成長することを援助すること、そして、トラブルが起こってしまったらできるだけこじれないうちにマネージメントを行うことが大切であると考えました。そのためには定期的な支持的心理療法と彼の状況の把握を素早く行うことが必要でした。

定期的な来所に同意しましたが、彼の来所は断続的でした。数カ月間週に一度きちんと来所することもあれば、一カ月まるまる来ないこともありました。予約はその都度取るシステムなので、一度キャンセルされると予約がない状態になりますが、彼は自らまた予約を取って来るのでした。彼にとっては、大学において数少ない自分が基本的に受け入れられるという場だったようです。面接では、支持的心理療法が実践されました。彼は、自己愛が傷つく事態が生じると、激しい怒りを吐露すると共に、報復する計画について語りました。私は、そのような事態における彼の正当性へのコメントはせず、中立性を保ちながら、現実検討を促しました。ときに、報復計画に対して、それは彼自身のためにならないだろうという意見を言うこともありました。

彼は両親との間に葛藤を抱えていました。彼は、自分は父親から暴力的なスパルタ教育を受け、自発性を損なわれたこと、母親は自分に無関心で、愛情を向けなかったと考えており、そのため、自分は大学生活において不適応となっていると考えていました。彼は両親に恨みを抱えており、思春期以降、しばしば家庭内暴力に及んでいました。彼が精神科に通院するようになった直接のきっかけは家庭内暴力でした。

私が両親と積極的に連携を取ったわけではありませんが、両親は彼の暴力に対して非常な怖れと、それへの対応に疲れ切っており、私との面接を希望しました。私は彼の同意を取った上で、両親面接も行いました。両親面接はオンデマンドでしたが、平均して月一～二回行いました。

指導教員も彼の指導に困っていました。彼は、教員の自分への態度も被害的に受け取っており、ときにゼミの中で激しい攻撃的言動を向けていたのです。私は、これまた彼の同意を取って、指導教員に彼の精神病理と基本的対応について説明しました。

また、事務とも頻回にトラブルが生じ、その都度、私が間に入りました。一度トラブルが起こると、彼は毎日のように抗議に出向き、対応する責任者に執拗に攻撃性を向けるのでした。その上で、各所にさまざまな無理難題を要求するのでした。私は、この件に関しては、現実的なアドバイスを彼にしました。それは彼の意に沿うものではありませんでしたが、私が現実に沿って粘り強く説明すると、彼は不承不承納得することが増えてきました。

彼は、私が両親や指導教員と話すことを嫌がりませんでした。むしろ、自分への対応が改善されるかもしれないという希望を持っていたので、歓迎する態度でした。結果は必ずしも彼の望む対応となったわけではありませんが、私が彼のためにマネージメントをしているというそのこと自体が彼に良い影響を与えたのでしょう。両親や指導教員の対応に満足がいかなくても、以前のように激しい攻撃性を向けることが減っていきました。

彼は、自己愛の傷つきを恐れ、なかなか就職活動に取り組むことができませんでした。しかし、卒業が見えてくると、そうも言っておられず、彼は不安を抱えながら就職活動を始めました。彼は情動不安定になり、面接では、攻撃的な言動をするか、就職できなかったら死ぬしかないなどと語り、自己愛が傷つく不安を抱えられないといった風情でした。幸いにも彼の就職活動は実を結びました。もともととても優秀な学生であることが有利に働いたようです。彼は第一志望の企業に就職が決まりました。これは彼の自己愛を満たす出来事であり、その後、卒業まで彼の言動は安定していました。

このケースでは、彼が学生生活を送ることを支えることには成功しましたが、彼の自己愛の病理が改善したわけではありません。社会に出て、自己愛が傷つく出来事が生じてどうなるだろうかという心配はありました。しかし、それは学生相談の限界であると思います。彼は、自分の自己愛の病理を何とかしたいというニーズを持っていませんでした。ただ、学生相談も含めた学生生活を通して、彼は少々でも人間として成長したところはあると信じたいと思います。

【学生相談における発達障害援助に関する提案】

先ほど述べましたように、この項では、私の発達障害臨床から得られた経験を基にした、学生相談における発達障害援助に対する提案について記述したいと思います。

現在、発達障害を持つ患者・クライアントに対する心理療法としては行動療法的アプローチが主流となっています。発達障害の中核的な一次障害に関して、力動的心理療法により与えることのできる影響が限定的である以上、発達障害援助に関して行動療法的アプローチが中心となることに異論はありません。しかし、二次障害に対する心理療法的アプローチとなると、行動療法的アプローチに加えて精神分析的理解に基づく支持的精神療法は相当有用であると思われます。もちろん、支持的精神療法を行う場合でも、行動療法的エッセンスは必須要素となります。

発達障害を有する学生の場合は、一次障害ゆえに、学生生活への適応が悪くなる傾向があります。小学校から高校までは、学校生活が比較的高度に構造化されていますし、クラスという単位が凝集性を持って機能しています。そのため、軽度の発達障害の生徒なら、適応がそれほど悪くならない場合もよくあります。比較的重篤な病理を持っている生徒でも、周囲が受容的であれば、何とか適応できる場合もあります。しかし、大学となると、構造の自由度が高くなり、クラスという単位の凝集性も低くなります。そして、大学においては、自ら他者と積極的にコミュニケーションを取らないと、友人を作ることができません。発達障害を持つ人にとって、大学生活はその後の社会適応のひとつの試金石となります。実際に、現在、私が診療をしている発達障害を持つ大人の患者に関しても、大学生活の中で事例化したケースが相当あります。大学生活に適応できないと、二次障害が出現したり、二次障害が重篤化したりします。そのような学生に対しては、行動療法的アプローチを取り入れた支持的心理療法が有用です。

支持的心理療法とは、学生が自分で考え、適切に行動できるように援助することですので、行動療法的アプローチと相矛盾するものではありません。人を支えるものは他者との関係です。セラピストとの関係に支えられ、発達障害を持つ学生が自ら主体的に学生生活を送ることは学生のこころの成長を促すことに繋がっていくでしょう。しかし、繰り返しになりますが、支持だけでは十分ではありません。一次障害への行動療法的アプローチがなければ、大学生活への適応の向上は望めません。つまり、発達障害の特性と個人の特徴を十分に理解した上で、学生の行動面に対して行動療法的視点に立った何らかの指示や助言が必要となります。心理的援助において、支持と行動療法的アプローチをいかに融合するかがポイントです。

一次障害への行動療法的アプローチ、そして、二次障害への行動療法的エッセンスを含んだ支持的心理療法という観点から、学生相談における発達障害援助についての提案を行いました。支持的心理療法はそもそも学生のこころの成長を促すことを目的としています。支持的心理療法によって、発達障害の特性自体を変容することはできないでしょうが、学生のこころが成長し、豊かになることを援助することはできます。支持と行動療法的アプローチの融合は子育てに似ています。発達障害を持つ学生への心理的援助には子育て的センスが必要となるのかもしれません。

3　支持的心理療法の意義

支持的心理療法の意義については既にある程度触れています。ここでそれを整理しつつ、もう少し議論を深めていきたいと思います。

支持的心理療法の対象は比較的病理の重い学生です。彼らは退行しやすいことが特徴で、退行すると自分のコントロールが難しくなり、さまざまな問題・事件が生起します。彼らはさまざまな情動を自分の内側に保持した上で、それらに対処することが困難な人たちです。それは精神病ではその病態自体のためですし、パーソナリティ障害ではパーソナリティの未熟さに起因しています。彼らは、自分の中の自分を抱える部分が十分に育っていないと考えることができます。

学生相談は治療機関ではありませんので、彼らの病態の治療に携わるわけではありません。しかし、彼らの病態に対して本質的な関与をしているのです。彼らの中の十分に育っていないこころの部分に成長を促す関与をするのですから。成長を促す臨床実践が、支持的心理療法です。成長を促すのであって、退行促進的な対応はできるだけ避ける方がよく、現実を指向した、対処に焦点を当てた心理面接が望ましいと思います。その面接で対処技術が向上することを通して、彼らの学生生活がより充実した成長促進的なものとなっていくことを目指しているのです。

また、重篤な病理を持つ学生の場合、学生生活においてさまざまなトラブルや事件が生起します。その際は、セラピストの積極的なマネージメントが必要となります。これは、単にトラブルや事件への対処が求められているという以上の意味合いがあります。学生が自分で対処できないから、セラピストのマネージメントが必要となるのですが、ただ、学生の代わりに対処するだけでは、学生のこころの成長に寄与できません。セラピストのマネージメント能力を自分の中に取り入れることができたとき、学生は初めて成長できるわけです。そのため、安易に学生の肩代わりをしないようにすることが重要です。基本は、学生に任せるということになります。あるいは現実的意見を述べるに留めるときもあるでしょう。しかし、ここはマネージメントが必要と判断したら、マネージメントの意義と実際について十分に学生と話し合うべきです。この話し合いには二重の意義があります。ひとつは、今述べている取り入れです。ここでマネージメントの意義と実際について理解を深めることを通して、そして、セラピストとの支持的関係を通して、セラピストのマネージメント能力を学生が取り入れることができるのです。もうひとつは、退行防止です。既に述べましたように、重篤な病理を持つ学生は退行しやすいと言えます。マネージメントは学生の肩代わりという側面があります。それは学生の自分で対処する部分をセラピストに預けることです。そうなると、学生はセラピストに依存します。依存が生じると学生は退行します。マネージメントについて十分に話し合うことをせず、マネージメントをしてしまうと、学生はセラピストを何でもしてくれる人として理想化する可能性があります。十分に話し合うことで、学生に現実検討を促すことが必要です。

4　まとめ

この章では重篤な病理を持つ学生に対する支持的心理療法について説明してきました。支持の意味について述べると共に、退行させないように配慮することの重要性を述べました。しかし、彼らの援助に関しては、支持的心理療法だけで十分とはなり難く、危機的な状況ではマネージメントが必須となります。マネージメントは関係する各所との連携や介入という形を取ります。

マネージメントは必要不可欠なのですが、やはり退行促進的です。それゆえ、セラピストはここで退行をある程度（全面的な退行を学生相談で抱えることは不可能です）抱えることが臨床的に意義があるかどうかという点について十分に考える必要があります。そして、危機的状況を乗り越えた後に、彼らが再び自らの行動に責任を持てるようになるように、現実検討を促すことが重要です。

第六章　学生相談における精神分析的心理療法

本書の目的は学生相談への精神分析的考えの応用にあります。また、既に述べましたように、学生相談において精神分析的心理療法の適応となる学生はそれほどいません。しかし、ごく少数ながら、精神分析に対する無意識的ニーズを持って学生相談を訪れる学生もいます。そのような学生に対して精神分析的体験を与えることは大きな意義があります。

精神分析的心理療法となれば、学生相談であっても、他の設定でも、セラピストの臨床姿勢は同一となります。それゆえ、このことに関しては、本書において特別に言うべきことはありません。しかし、学生相談という臨床の場自体が精神分析的心理療法に及ぼす影響があります。学生相談は、他の心理臨床施設と異なる明確な構造と設定を持っています。その最も重要なものが、心理療法の期限が、通常、卒業までと明瞭に決まっていることです。学生相談という構造、および、設定から生じる、時間が限られているという意識的、無意識的感覚が精神分析的心理療法のプロセスに影響を与えるのです。本章では、まず、学生相談における精神分析的心理療法の適応について説明し、その後、学生相談という設定が精神分析的心理療法のプロセスに与える影響について解説したいと思います。

1　精神分析的心理療法が適応となる学生

学生相談における精神分析的心理療法の適応は、学生相談以外の臨床の場における適応と基本的に同じです。それではそもそも、精神分析的心理療法の適応とは何でしょう？　精神分析の本を読めば、それらしいことが書いてあります。病態水準という観点から考えられることも多いようです。しかし、結局のところ、精神分析的心理療法の適応はセラピストの精神分析の理念に依拠しているのです。あるセラピストが適応と判断した事例に、他のセラピストが適応ではないと判断を下す事態は頻繁に生じます。私が考える精神分析の理念については既に述べています。それをもう少し言い直してみますと、精神分析的心理療法の目的は、クライアントがより内的に自由になり、自らの人生を創造的に生きることができるように援助することとなります。内的に自由になるとは、こころの中の台本の強制力が弱まり、配役を自由に選べるようになるということです。学生相談を訪れる学生がそのような無意識的ニーズを持っていると判断されたとき、私は精神分析的心理療法を提供することになります。

情緒の嵐を持ちこたえる覚悟

それでは、自分なりの精神分析の理念が確立していない若手臨床家や精神分析を専門としない臨床家は、適応についてどのように考えればよいのでしょうか？　私は次のように考えます。精神分析的心理療法では、セラピストとクライアントの間に情緒の嵐が生起することは必至です。生起しないとしたら、それは精神分析的心理療法とは呼べません。その嵐をセラピストとクライアントは共に生き残らなければなりません。要するに、心理療法プロセスの中で、相当のすったもんだが起こるわけです。セラピストには、そのすったもんだを持ちこたえる覚悟が必要となります。この点に、精神分析的心理療法の適応があります。つまり、セラピストがこのクライアントとの間であれば、すったもんだを持ちこたえることができると思えることが精神分析的心理療法を提供する必要条件となります。むろん、病態水準の問題も無視できません。特に学生相談という弱い構造であれば、重篤な病理を持つ学生に精神分析的心理療法を提供することは困難です。

無意識的動機づけ

また、学生の動機づけの評価も適応の判断において重要です。しかし、学生は精神分析的心理療法について、その本質を理解していません。これはセラピストが説明したところで理解できるものではありません。精神分析的体験の意義は経験しないと理解できないものです。それゆえ、セラピストが、学生の精神分析的心理療法への無意識的動機づけを判断しなければならないのですが、無意識的動機づけを判断することは極めて困難です。この点はセラピストの直観的判断に従うしかないというのが現実です。直観的判断は往々にしてセラピストの逆転移ですので、誤る場合が多いと考えるべきでしょう。正しいか誤りなのかは心理療法の経過の中でしか判断できません。結局、セラピストは自らの直観に従い、動機づけに関して仮の評価をするわけです。そして、経過の中でその評価の更新をしていくことになります。もし、自分の直観が誤っていたと判断した場合はその時点で精神分析的心理療法を止めることになります。セラピストにはこのような柔軟性が要求されます。しかし、この判断は最初の三カ月程度でなされるべきでしょうし、三カ月間実践すれば、そのクライアントに精神分析的心理療法が適応かどうかは判断できると思います。私はこのような考えから、学生相談以外の臨床の場におけるセラピーの開始にあたって、三カ月くらいをめどに精神分析的心理療法の向き不向きを判断しましょうとあらかじめクライアントに言うことにしています。学生相談の場合は、この後に述べますように、そもそも短期終結する場合が多いので、三カ月のめどについては伝えずに、実践しながら向き不向きを考えていきましょうと伝えています。

学生相談における精神分析的心理療法の適応についてまとめておきます。精神分析の理念が十分に確立していないセラピストの場合は、学生の精神分析的心理療法への無意識的動機づけを直観した上で、この学生とすったもんだを乗り越えることができそうだと感じたとき、学生に精神分析的心理療法を提供することになります。セラピストに豊富な精神分析の経験があれば、自らの理念に基づいて適応を判断することになります。

2　学生相談における精神分析的心理療法の実際

ここでいくつかの事例を提示したいと思います。ここに提示する事例は決して見本ではありません。精神分析的心理療法はセラピストとクライアントというユニークな個人の間に起こる極めてパーソナルな交流です。同じクライアントであっても、セラピストが違えば、心理療法プロセスは、相当異なります。ここで記述する事例は、あくまで読者のみなさんのこころを喚起することを目的としています。

心理療法プロセスを記述した後、それぞれの事例について検討を加えたいと思います。

【人文科学系大学院博士過程後期課程に在籍する女子学生】

彼女は理知的で落ち着いた雰囲気を持っていました。彼女は対人関係にまつわる問題をいくつか抱えて来談したのでした。ひとつは研究室内の対人関係に関するものでした。彼女は人間関係のトラブルにより所属する研究室を変更するという事態を経験していました。もうひとつは異性関係をめぐる問題でした。以前の恋人との間に大きなトラブルを経験し、現在の恋人との間には不満を抱えていました。これらの対人関係の問題のため、落ち着いた外見とは裏腹に彼女の情緒は不安定でした。さらには研究上の問題がありました。情緒不安定のため研究に専念できず、そのため指導教員から博士号取得は困難であろうと評価されていました。このこともあり、彼女は指導教員との間に感情的葛藤を抱いていました。彼女は感情をコントロールし、勉強に専念できるようになりたというニーズを語りました。私はまず数回の予備面接を行うことを提案し、彼女は受け入れました。

三回の予備面接を行い、以下の情報を得ました。彼女は小学校から大学にかけて、特に問題もなく、成績優秀で良い子であったといいます。両親の意向に従い、地元の大学に進学しましたが、大学院入学と共に郷里を離れました。大学院において、研究室内の人間関係のトラブルから抑うつ的になったとき、当時付き合っていた恋人と結婚話が持ち上がりました。しかし、結婚準備過程でその彼に対する不信感が募っていきました。結婚式が近づくと心身症症状が出現しました。結局、彼女の希望で結婚を解消しました。結婚にまつわるごたごたがあったときに相談に乗ってくれたのが現在の恋人でした。その彼は理性的で理屈っぽく、彼女は感情的な自分と合わないと感じていました。

家族については次のように語りました。父親は自営業で、民族のアイデンティティの問題を抱えていました。父親は非常に厳格であり、彼女は父親の価値観を取り入れているようでした。母親は父親の仕事を手伝っていました。そして母親も民族のアイデンティティを抱えていますが、明るくやさしいといいます。自宅と父親の職場がすぐ近くなので、彼女は両親の働く姿を見て育ち、両親を喜ばせてあげたいという思いを強くしたといいます。そして、自分も民族のアイデンティティにこだわりがあると語りました。妹が一人いますが、妹は自由奔放な性格のようでした。

予備面接の中で、彼女が持ち込んだ問題の背景に両親との関係、およびアイデンティティの問題があると評価されました。彼女は、そのような内的な状況から、自分の能力を十分に発揮できなくなっていたようです。私は、予備面接に持ち込まれた素材から、彼女には、内的な囚われから自由になりたいというニーズがあると感じました。彼女は精神分析的体験を自分の人生に役立たせることができると考え、私は週二回四十五分の設定を提案しました。

セラピーが始まった最初の面接で、彼女は、自分は人を差別せず付き合いたいと思っていて、親密な関係を持つ人には過度の愛情を注ぐのですが、「嫌なところが見えてくると関係を切ってしまう」と語りました。さらに、彼女は小児期に差別を受けたエピソードを想起しました。私は平等に扱われなかった傷つきについて触れ、さらに人に愛されたい気持ちを強く持っているのだろうと彼女に伝えました。すると、彼女はしばらく考え込むように沈黙し、愛されたいということは、今まで充分に愛されてこなかったと思っているのだろうかと自問自答するようにつぶやきました。

そして、翌第二回では、彼女は冒頭に「何を話していいかわからない」と言いましたが、その後、セラピストの顔色を窺いながら友人関係について連想しました。私は連想内容よりも、連想態度に焦点をあて、今‐ここにおいて、自由に連想することに不安があるのだろうという解釈を行いました。この介入に対して、彼女はまたしても一生懸命に考え込み、セラピストの介入に即した連想を行いました。さらに、彼女は不適切な連想を行っているのではないかという不安について語りました。私はセラピストに愛されたいので、求められる連想をしたいと思っているのだが、何を求められているかわからないので不安なのだろうと解釈しました。すると彼女は涙ぐみながら、「何故かわからないけど、今両親の顔が浮かんでいる」と語りました。さらに、「大事な人ほど気を遣ってしまい、窮屈になってしまう」と語りました。私は、セラピストを大事に思い始めているので、自由に連想できなくなったのだろうと伝えました。彼女は満足したようにしばらく沈黙しました。この後は沈黙を交えながら、自分のペースで連想できるようになりました。セラピーに入っていく初期不安がワークされたのでしょう。

第三回では、彼女は妹について連想しました。彼女によると、妹は人間的に未熟で、両親に反抗的である一方、依存的だといいます。両親は妹に批判的で、先日、妹に対してその生き方を非難したのですが、それに対して彼女は妹を擁護しました。そして、彼女は「妹は子ども時代放っておかれた。それで愛情を求めているところがある」と語り、「私は親に愛される方法を知っていた。親が望むような人生を歩めば愛される」と言いました。私は彼女に、自分のさみしさを感じている部分や依存的な部分を妹に投影しており、そのため妹を擁護したのだろうと伝えました。彼女は涙ぐみながら、しばらく沈黙しました。そして、両親は自分の親から充分に愛されなかったので子どもの愛し方を知らないのだろうと連想しました。そして、それでも父親のことが好きだと語りました。さらに、以前の恋人は父親と違って自分の価値観を押し付けなかったので、初めて居場所を見つけた気持ちを持ったのだが、どうしても許せない部分が目に付いてしまったと語り、また、今の恋人は父親に似ており、支配的で「窮屈に感じる」と話しました。私は父親のような人が支配的にならずに、そのままの自分を受け入れ、愛して欲しいと思っているのだろうと伝えました。彼女はしばらく沈黙し、「それはとても難しいと思います」とつぶやきました。

第四回から第九回にかけて、彼女は落ち着いた雰囲気で、生き生きと自由に連想していました。一方、現実面では、今の恋人に初めて直接不満をぶつけました。彼はそれを受け入れ、関係性は以前よりゆとりがあるものとなりました。彼女は「自分なりに自分を受け入れることができるようになってきた」と語りました。

そして、第一〇回での彼女は珍しく怒りを顕にしており、かなり切迫した雰囲気でした。彼女によると、指導教員に博士号を取得することが能力的に困難であると言われたとのことでした。さらに、指導教員はその背後にアイデンティティの問題があると指摘したようです。彼女は指導教員に対する怒りを表出すると共に、私に対して指導教員の考えが正しいと思うかどうかを尋ねました。私は自分で判断する能力をセラピストに投影していることを指摘し、私に対して依存したい欲求が高まっているのだろうと解釈しました。彼女はその解釈を受け入れず、その後も正しいかどうかということに拘り続けました。

翌第一一回では、彼女は著明に落ち着いた雰囲気でやってきました。そして、彼女は自分の依存するこころについていくつかのエピソードを語りました。それは、私が前回のセッションで行った解釈を裏付ける内容を持っていました。さらに、彼女は、以前は依存することは悪いことと思っていたが、自分の依存するこころを受け入れることができたので、「以前よりゆとりが出てきた。少し自信もついた」と語りました。さらに、大学院入学後の最初の人間関係のトラブルについて想起し、そのトラブルの渦中で友人から「そんなことに対処できないのは弱いからだ」と言われて自信をなくしたということが語られました。そして、「今考えるとそのような状況ではしんどくなるのは当然と思える」と語りました。最後に、これから博士論文に取り組む意欲が語られました。彼女の臨床的改善に伴い、最初に情動不安定になったきっかけについて想起が生じ、未来への希望が生まれました。

この後、彼女は情動不安定になることはなくなりました。また、家族全員で初めて民族のアイデンティティについて話し合うということが彼女のアイデアで行われました。このプロセスの中で彼女の自己受容は進展していきました。そして、第二〇回で終結となりました。この後、一年半に渡って数カ月に一回、フォローアップ面接を行いました。そこで語られた彼女の生活や恋人との関係はゆとりのあるものでした。彼女は安定した状態で研究に取り組み、無事博士号を取得し、希望の職業に就くことができました。

実質的な心理療法の期間は三カ月間でした。

【社会科学系大学院博士過程前期課程に在籍する女子学生】

彼女は社会科学系大学院博士過程前期課程に在籍していました。

彼女は知的で、物静かな雰囲気を持っていました。彼女の主訴は「友達ができない」というものでした。彼女は自然科学系の学部を卒業した後、興味の対象が変化したこともあり、異なる大学の社会学系の大学院に進学しました。小中学校では活発で友人も多かったといいます。高校から特にきっかけもなく内気になり、クラブ活動以外の友人はできませんでした。大学時代は寮生活だったこともあり、積極的にならずとも友人ができましたが、寮以外の友人はできなかったといいます。大学院に進学し、大学内では友人ができず、また最近アルバイトを始めましたが、そこでも職場の同僚と話ができず、今後の就職活動も心配になって来談しました。初回面接で、彼女は「自分の思うことをもっと言えるようになりたい。周囲の評価を気にしないようになりたい」と語りました。私はまず数回の予備面接を行うことを提案し、彼女は受け入れました。なお、彼女は私のところを訪れる数カ月前に同じ施設の別のセラピストの面接を数回受けていました。その体験については、「話は聞いてくれるが、それ以上に発展しない」と思い中断したと語りました。

二回の予備面接で以下の情報を得ました。父親は建築業で、頑固で融通がきかない性格といいます。母親はやさしい人であり、両親の夫婦仲は良いと語りました。両親に関しては特にネガティブな発言はありませんでしたが、連想は広がらず、私はぼんやりとした印象を持ちました。彼女はかなり重篤な身体疾患を持ち出生しました。出生時、ＮＩＣＵで生死の境を彷徨ったといいます。小児期に手術を行いました。幸い手術は成功し、運動制限はありましたが、日常生活には不便はありませんでした。しかし、小児期、「重い病気と思って夜な夜な泣いていた時期があった」と語りました。

予備面接の中で、両親についての発言がやや防衛的であると理解し、彼女が持ち込んだ問題の背景に両親との関係がある可能性に留意しました。また、重篤な身体疾患の影響もあるだろうと評価しました。私は、彼女の意識的ニーズの背後に、自分の対象関係の変容を通して、現実の対人関係におけるこころのゆとりを獲得したいという期待を感じました。また、既に支持的心理療法を受け、そこでは彼女のニーズを満たすことはできなかったという事実を踏まえ、精神分析的心理療法の適応と評価し、週二回四十五分の心理療法を提案しました。

彼女は初回、露出度が高い服装をしてきました。そのため、体の生々しい傷跡をはっきりと見ることができました。面接では、うつむき加減で、涙ぐみながら、小声で切れ切れに話しました。時に考え込み、長い沈黙に入りました。彼女がまず話したことは、就職試験の際に、「親からよく言われたことは何ですか」と尋ねられ、母親から「自分でがんばりな」とよく言われていたことを思い出したということでした。そして、彼女は人に頼ることができないので、何でも自分でやってしまうと語りました。それから、彼女は男性が苦手と連想しました。相手が何を考えているかわからないと不安になるといいます。さらに、特に年上の男性には気を使うと言いました。私は、セラピストは年上の男性であるし、自分のことは語らないので何を考えているかわからないだろうということを指摘しました。すると、彼女はしばらく沈黙して、ここは自分の考えが否定されないと思っているので、自分の日常生活と異なると語りました。最後に私は傷跡について手術によるものか確認しました。彼女は肯き、手術の最中に麻酔が切れて目が覚めたという夢か現実かわからない記憶を語りました。全体に心理療法に入っていく不安が語られていると私は理解しました。また傷跡を見せたことは、内的な苦痛をワークしたいというセラピーへの期待を表していたのでしょう。

第二回では、「友達ができない」という主訴は、既に出来上がっている関係性の中に入っていけないというものであることが明らかになりました。彼女によると、恋人など一対一の関係なら大丈夫とのことでした。

第三回から第六回にかけて、セッションのほとんどの時間を沈黙が支配しました。彼女は抑うつ的で、困惑した雰囲気を醸し出していました。毎回涙を流すのですが、私は何故泣くのか理解できませんでした。わずかに語る内容は、ほとんどが「自分はだめ」というものでした。彼女はこの間のあるセッションで「ここに来てから自分が自分でないみたい」と語りました。私は彼女が心理療法に持ち込んでいるものを理解できず、途方に暮れる感覚を味わっていました。おそらく、この感覚は彼女自身が持っていたもので、耐え難く思い、またセラピストに理解して欲しくて、セラピストに投げ込んだものでしょう。しかし、この局面では、私は転移の文脈を充分には扱えませんでした。

第七回で、彼女は認知療法に興味を持ち、本を購入しやってみたと語りました。私はこの行為を行動化と理解し、ここで行っている心理療法への失望があるのだろうと解釈しました。すると、彼女はセッションの中での沈黙に触れ、「話すことに緊張がある」と言いました。そして、結論が出ない話をすることに不安があるので、自分の中で整理してから話そうと思い、あれこれ考えていると最初に何を考えていたか忘れてしまうと語りました。私は整理されていないことを話すことに関する不安に焦点を当てました。すると、彼女は長い時間沈黙し、「いろいろ考えたけどどれも違う気がする。自分の気持ちが自分でもよくわからない」と言いました。それから以前に受けたカウンセリングとの違いに触れ、「ここでは話したことへの切り口が違う」と言いました。私は彼女に自分でも理解できない未整理のものが出てくる不安を持っている一方、それに触れていきたいという気持ちも持っているのだろうと伝えました。彼女は肯定し、今までの沈黙とは異なり、リラックスした雰囲気で沈黙しました。心理療法に入っていく不安が扱えたようでした。

第八回で、彼女は面接の間中、すすり泣いていていました。そして、彼女は初めて母親に関してまとまった連想を行いました。母親とのエピソードをいくつか語りましたが、共通するテーマは「母親に大事にされていない」というものでした。話している雰囲気は攻撃的なものではなく、悲哀を感じさせるものでした。最後に彼女は身体疾患の手術後、麻酔から覚醒したとき、母親ではなく、母親の姉の名を呼んだというエピソードを語りました。私は彼女に「あなたはお母さんを少し遠く感じているようですね」と伝えました。彼女はしばらく沈黙し、母親との関係における葛藤について語りました。翌第九回の前半、彼女は完全に沈黙していました。そして、恋人に電話をしたとき泣いてしまい、彼女は泣いていても何も解決しないと思ったが、泣き止んだら彼が慰めてくれないと思い泣き続けたと語りました。さらに、人に何か話すとき、「反応が薄かったらと思うと、話してもしょうがないと思う」という内容が語られました。私は彼女がセラピストの受動性を「反応が薄い」と体験しており、この関係性は母子関係に連なるものであろうと理解しました。そして、私は、母子関係の文脈には触れず、今‐ここでの関係に焦点を当て、「あなたはここでも、共感してもらえないのでないかと不安になって、自由に話すことができないようですね」と伝えました。彼女は満足したように肯定しました。

第一〇回にやってきた彼女は著明に落ち着いていました。声も以前より大きく、口調もしっかりしたものになっていました。これ以降、セッションの中で泣くことはなくなりました。第一一回以降、臨床的改善は維持されていました。その中で、彼女は今の大学院は合わないので、中退し就職すると決めたことを語りました。主訴に関しては、対人関係について以前より希望を持っていることが語られました。そして、「みんなに好かれたいと思っていたけど、みんなに好かれなくても良いと思えるようになった」と語りました。気分も安定し、生活が充実していることが報告されました。そして彼女は心理療法の終結を希望しました。最後の第一五回で、彼女は「ここで一緒に考えていくということだけで希望が持てました。これからの新しい対人関係も何とかなると思う。今は大きな不安はありません」と語りました。

心理療法の期間は二カ月半でした。

【専門職を目指す医学系大学生である女子学生】

事例は専門職を目指す医学系大学生である女子学生です。

彼女は理知的で、華やかな雰囲気を持っていました。彼女の主訴は「食べ過ぎてしまう」というものでした。彼女は高校二年時に、やせ願望から拒食に至りました。「きっかけは覚えていない」といいます。そのときは自然に回復しました。しかし、初回面接の半年前に、クラブにおける対人関係のストレスから過食のエピソードが出現しました。しかし、自己誘発性嘔吐や下剤・利尿剤の乱用は認められませんでした。彼女はネガティブな感情を「自分の中に溜め込んで言わない」性格であり、そのため他者に対して「心を開くことができない」で、対人関係のストレスを溜め込むと自らについて語りました。そのような自分のあり方と摂食障害が関係していると感じていました。初回面接で彼女は「自分を知ることで摂食障害を乗り越えたい」と語りました。私はまず数回の予備面接を行うことを提案し、彼女は受け入れました。

二回の予備面接で次のような情報を得ました。父親は医療系専門職に就いており、彼女はポジティブな関係を築いていました。また、父親と同じ職業に就こうしており、父親との同一化が認められました。一方、母親に対するイメージは「厳しい」というもので、情緒的に疎遠な印象でした。幼小児期は「男の子に生まれれば良かった」と思っていたといいますが、女性性の発達は充分で、服装や雰囲気は適度に女性的でした。三人姉妹の次女です。また、友人との親密な関係を築くことに困難を感じると語りました。

予備面接の中で、彼女の食行動の異常の背景に母子関係の問題があるだろうと評価しました。摂食障害ではありますが、パーソナリティの全般的歪みはなく、行動上の問題も認められないことから、病態水準は高いと判断し、また、彼女のニーズの一部が自己理解であることから、精神分析的心理療法の適応と評価し、週一回四十五分の心理療法を提案しました。

心理療法に入った初回、彼女は、恋人との関係でストレスを感じ、過食したと語り出しました。そして、「人に合わせようと思っても合わせることができないということがしんどい」と語りました。そして、しばらく沈黙し、涙を流しながら、「人とぶつかりあう」ことを恐れているという内容を語りました。そして、そのようなあり方は父親に似ているといいます。

第二回では、家族についての連想が語られました。姉は両親の期待を集め、妹は何もしなくて愛されるといいます。そして、父親は姉と仲が良く、母親は妹と仲が良いと感じられていました。その中で、彼女は家族の中に居場所がないと感じていました。そして、自分の存在価値を感じられるようになるため父親と同じ職業に就こうと思ったと語りました。第三回では、彼女は前回のセッションで、「自分は親に愛されていなかったという発想」が湧き、動揺し過食したと報告しました。

第四回から第一〇回にかけて、面接室の中で、彼女は抑うつ的で、全体に沈黙がちでした。そして生活上では過食が頻繁に生じていました。特にセッションの後の夜に多いといいます。面接の中で語られることは母親に関することが中心でした。彼女は中学の頃まで母親を理想化していました。中学のころ、あることを母親に相談したとき、母親に非難され、それ以来母親を信用できなくなりました。母親にわかってもらいたいという気持ちを持っているのですが、自分は一生懸命やっても認められないのに、妹はほんの少しの努力で認められると感じられるといいます。これらの連想を通して、家族における居場所がないということから来る空虚感が過食という症状につながっているかもしれないという理解が彼女自身から、そして、私の中にも生じましたが、そのような理解を話し合うことを通して変化が生じることはありませんでした。また、セラピストとぶつかり合うこと、つまり真に出会うことを恐れているという転移の文脈を解釈しましたが、これも何かを生み出す介入とはなりませんでした。

第一一回では、彼女は相変わらず抑うつ的雰囲気で、沈黙がちでした。このところ過食が悪化しているといいます。そして、彼女は実習で人を傷つけたというエピソードや恋人に嫌な思いをさせたなど罪悪感についてぽつりぽつりと語りました。私は彼女に対して痛々しいという逆転移感情を覚えました。そして、過食の意味について、空虚感への防衛という意味だけではなく、罪悪感への防衛という意味もあるのだろうと考えました。彼女は家族、ことに母親への怒りを持っていたのですが、怒りを持つことに罪悪感を持ち、それを抑圧する一方、過食という行動を通して排出していたのだろうと理解し、この理解を彼女に伝えました。彼女はしばらく考え込み、「過食は自分で自分を罰するという感じがする」とつぶやきました。

第一二回にやって来た彼女は著明に落ち着いた雰囲気で、年齢相応の溌溂とした雰囲気でした。彼女はまず、前回、セラピストに言われた罪悪感という言葉は「ぴったりときた」と言いました。彼女は、過食は「広い意味の自傷行為」と思ったといいます。そして、気持ちが前向きになり、友人とも本音で話ができるような気がすると語りました。第一三回では、改善は維持されており、彼女は「自信はないけど、自分を大事にしようとする気持ちが生まれた」と語りました。また周囲からも元気になったと言われたといいます。

第一四回で、現実的な事情もあり、彼女は終結を希望しました。そして、心理療法について振り返り、「特に素敵な体験ではないけど、見なければならないものを見て、現実を認識できるようになった」と語りました。そして、成果について、「すごい楽になったけど、それと同じくらいしんどい気持ちも出てきた。でもそのしんどい気持ちを受け入れることができるようになった。自分に自信がないということに気づけたこと自体が良かった。そして、自分を大事にできるようになったことが一番嬉しい」と語りました。さらに、恋人との関係はより自由でゆとりがあるものに変化しました。家族の中に居場所を見出すことも可能になり、母親に関しても「こんなものかな」と思えるようになりました。

この後しばらくは、数カ月に一度フォローアップ面接を行いました。過食は極めて稀にしか起こらなくなり、起こったときも期間は以前より短くなり、また過食により情動不安になることもなくなりました。

実質的な心理療法の期間は四カ月間でした。

それぞれの事例について検討してみましょう。その後に、三事例に共通するプロセスについて説明したいと思います。

3　事例の検討

【人文科学系大学院博士過程後期課程に在籍する女子学生】

この事例はアイデンティティの問題を抱えていました。父親もアイデンティティの問題を抱えており、父親の価値観を相当取り入れていることから、父子関係の問題が背景にあったと思われます。恋人との関係をめぐる葛藤の内容からもこのことは裏付けられます。

彼女との心理療法においては第一〇回が展開点となりました。彼女は指導教員（＝父親）に受け入れならないという葛藤状況から情動不安定になり、セッションの中でセラピストに受け入れてもらいたいという欲求を素材として持ち出しました。私は彼女の欲求には応えず、解釈を通して彼女の欲求に形を与えました。この解釈を彼女は言語的には受け入れませんでしたが、翌第一一回において、臨床的改善が報告されたこと、情動不安定になったときの状況がある種の洞察を伴い想起されたことから、解釈は有益であったと考えて良いでしょう。つまり、この局面で父子関係に起源を持つ葛藤がワークされたのです。

この後、初めて民族に関するアイデンティティについて家族全員で話し合うという意義深い劇化が生じ、彼女は自己受容に伴い、アイデンティティの問題をワークしていきました。そして、彼女は自己実現に向かっていきました。

彼女の病理に少し触れておきましょう。彼女が求めた父親とはどのようなものなのでしょうか。エディパルな欲求の対象としての父親ではないでしょう。むしろ受容的でありつつも、二者関係を三者関係に広げていく機能を持つ父親であったと思われます。このことは以前の恋人、そして現在の恋人との関係からも肯定されるでしょう。

【社会科学系大学院博士過程前期課程に在籍する女子学生】

この事例のテーマは「母親に大事にされていない」という不安をめぐるものでした。無関心な母親という内的対象を持っていたのでしょう。手術後の覚醒時のエピソードもこのことを裏付けていると思われます。

彼女との心理療法においては第七回および第九回が展開点となりました。彼女はセッションにおいて、沈黙がちで自由に連想できませんでした。第九回で、私は彼女に受動性を保つセラピストを無関心な母親として体験しているという理解に基づく解釈を行いました。彼女はこの解釈を受け入れました。そして、第一〇回以降、彼女は面接室の中でより自由に連想することができるようになり、実生活にもおいてはゆとりを持つことが可能になりました。母子関係に起源を持つ葛藤がワークされたのでしょう。

彼女の対象関係には重篤な身体疾患とその手術の体験が大きな影響を与えていると思われますが、この点に関しては転移の上で十分に展開しておらず、またセラピーの期間が短かったため言語的にも再構成されませんでした。

ただ、少なくとも出生時の母子分離体験が無関心な母親という内的対象の形成に関与していると考えることは可能でしょう。

【専門職を目指す医学系大学生である女子学生】

この事例のテーマは母子関係をめぐる葛藤でした。彼女には父親との同一化が認められますが、これは母親と同一化ができなかったということと関係があると思われます。

彼女との心理療法においては第一一回が展開点となりました。彼女はそれまで、家族において居場所がないというテーマについて語っており、私は彼女の過食の症状を空虚感への防衛として理解していました。ところが、この回、彼女は対象を破壊する罪悪感について語りました。私は過食が母親に対して怒りを持つことにまつわる罪悪感への防衛として機能していると理解し、その文脈を解釈しました。すると、彼女は過食は自分への罰であると、解釈を裏付ける連想を行いました。これ以降、過食の頻度は著明に減少し、対人関係にもゆとりが生じ、家族との関係も改善しました。

彼女のテーマは自分の攻撃性が対象を破壊する不安と考えられるので、抑うつ的な不安と考えることができそうです。抑うつをこころの中に抱えることができないために、過食という自己処罰行動により排出していたと思われます。

【三事例に共通するプロセス】

さて、ここで三事例に共通するプロセスを検討したいと思います。それぞれが心理療法に持ち込んだテーマやその背後にある葛藤は三者三様です。共通するのは内容ではなく、心理療法プロセス、つまり形式でした。セラピーに入っていく不安が心理療法的にワークされると、それぞれのテーマが拡散することなく、自然と焦点化しました。そしてテーマが焦点化されるに従って、心理療法は二カ月から四カ月の間という極めて短い期間で終結に至りました。たとえば、短期療法では、セラピー期間を短くするために、技法としてテーマを焦点付けることが多いのですが、私はこれらの心理療法において短期療法を行うつもりはありませんでした。心理療法の期間が短くなったことはクライアントの病態水準の高さもむろん関係していると思われます。しかし、私は学生相談以外の場、たとえば病院、クリニック、有料の心理相談室での臨床経験の方が多く、同じ程度の病態水準のクライアントの心理療法も多数経験していますが、その経験と比較しても上記の特徴は学生相談固有の現象と考えることができます。つまり、この心理療法において、テーマが焦点化され、結果として短いセラピーになったのは、学生相談という設定の影響ということになります。この後、学生相談という場における心理療法プロセスの特徴について説明したいと思います。

4　学生相談という場における心理療法プロセスの特徴

退行が抑制される

精神分析的心理療法は通常、期間を定めず行われます。このことにより、こころのかなり深いレベルに存在する素材を取り扱うことが可能になるわけです。深層心理を扱うという要請から、心理療法の期間は長くなる傾向があり、最低でも三年以上というのが一般的でしょう。重篤な病理を持つクライアントが対象なら一〇年を超えることも珍しくありません。

学生相談における心理療法の期間が特に意図しなくても短くなる理由はいかなるものなのでしょうか。私はその理由の一つが卒業までと期間が決まっていることであると考えています。また、セラピスト、もしくはクライアントである学生のどちらかの都合で期間が限られることも頻繁に起きます。私はこの期間が限られているということが心理療法プロセスや転移‐逆転移に大きな影響を与えると考えています。期間が決まっているため、心理療法の深まりにブレーキがかかるのではないでしょうか。逆に言えば、通常の精神分析的心理療法は終わりが明瞭ではないので退行的素材が心理療法プロセスに現れやすいと考えられます。つまり、退行に抑制がかかると、心理療法のテーマは焦点化しやすくなるのです。このことは力動的短期療法のテーマはおおむね分離不安に焦点化されるということを参照すると理解しやすいでしょう。テーマが焦点化されると、心理療法プロセスが一段落着いたところで終結の話題が出やすくなるのでしょう。

社会への橋渡し機能

さて、学生相談にはもうひとつ他の心理療法設定と異なる大きな要因があります。それはクライアントの大半が青年期に属するということです。大学時代は、それまで所属していた教育の場から、これから参入する社会へ移行する時期です。大学時代にアルバイトを通して社会参加する学生も多いでしょう。青年期の若者、特に大学生、大学院生は移行の時期にいて危機を体験しています。移行はそれまでの自分が内的・外的に変化することですので、ひとつの危機です。その際、学生相談におけるセラピストは家庭と社会の橋渡しの役割を持った中間的対象となります。むろん、中間的対象は親戚や教員が果たすことも可能ですが、そのような機会を得ることが困難だったため、クライアントは学生相談を訪れるのでしょう。学生相談には青年が中間的対象を発見することにより移行の危機を乗り越えることを援助するという橋渡し機能もあります。しかし、中間的対象との関係における内的危機の解決は、現実という観点から見れば妥協であり、それを見抜いた青年は中間的対象を捨てて現実世界の対象の発見に向けて移動してゆくのです。厳密に言えば、それは精神分析的心理療法の立場からは中断となります。しかし、学生相談の主要な役割が橋渡しであると考えると目的を果たしたので、中断は終結と考えてよいことになります。

また、青年期にいる若者は依存と自立をめぐる葛藤を持っています。そのような若者は、他者、特に大人に対して自分の内面を開示するという心理療法に抵抗を示す場合も少なくありません。青年期のクライアントにとって、心理療法は自己愛に対する脅威として経験されやすいと考えられます。すると、退行が抑制され、心理療法のテーマが意識に近い素材に焦点化されると思われます。もちろん、この事態は治療抵抗です。また、心理療法が短い期間で終結するということもこの治療抵抗の文脈で理解可能です。そして、この治療抵抗を心理療法的に扱うことが精神分析的心理療法の本筋でしょう。しかし、学生相談は明瞭な期限という有限性を持っていることを考えに入れると、その役割は理想的な精神分析的心理療法を行うことではなく、橋渡し機能を充分に果たすことであると考えます。つまり、治療抵抗をあえて探索的には扱わないという選択肢も有り得るということです。これは、支持的心理療法という意味合いで言っているのではありません。これもまた精神分析的心理療法のひとつのあり方であると私は考えます。

たとえ精神分析的心理療法であっても、それが学生相談という青年期のクライアントを対象とする場合は、成長を促すという視点が大切です。学生はさまざまな発達課題を持っています。そのような学生を対象とする学生相談という場では、どこまでこころの深いレベルにある問題を扱うかについては個別の判断が必要でしょう。何度も強調しますが、学生相談における心理療法では、心理療法の中でこころの問題を徹底的にワークすることではなく、学生が自ら自分のペースでワークしてゆき、成長していくことを援助することが大切です。

ただし、テーマの焦点化や治療の短期終結の治療抵抗の側面をあまり探索的に扱わないと言いましても、心理療法の中でその意味についてまったく触れないということではありません。臨床素材のところでは記述していませんが、どの事例においても終結を決めた後のセッションで基本的に心理療法の成果とこれからの課題について話し合っています。私が実践する通常の精神分析的心理療法ではこのような方法は取っていません。通常の精神分析的心理療法では、ただ、そのような素材を解釈するだけです。学生相談の場合は、このような素材を話し合うという形でソフトに取り上げることが、教育的な効果があると私は考えます。学生相談における心理療法において、ワークしたこと、と、ワークされていないことを話し合うことは学生の成長に資すると思います。これは治療抵抗として扱うこととは異なります。学生相談の橋渡し機能に則ったあり方です。この作業により、クライアントはその後の人生の中で自ら、あるいは必要に応じて適切な援助を得て、自らの問題をワークスルーしていくことが可能になると考えます。

5　まとめ

本章では、学生相談における精神分析的心理療法について説明しました。適応となる学生はあまり多いとは言えませんので、慎重なアセスメントが必要です。基本的な実践は通常の精神分析的心理療法と異なるところはありません。ただし、学生相談という設定が心理療法プロセスに一定の影響を及ぼすことについては注意を要します。また、学生相談の本質から要請されることとして、終結期の取り扱いが通常の精神分析的心理療法と少々異なるところがあるということを指摘しました。

第七章　卒業と卒業後のフォローアップ

学生相談における心理療法の終結は卒業という現実的な区切りによってもたらされる場合が多いと言えます。前章で取り上げたいくつかのケースでは、卒業を待たずに終結していますが、長くても卒業までという設定の中での短期終結であることは既に説明しました。また、オンデマンド心理療法や支持的心理療法は基本的に卒業が終結となる場合がほとんどです。この章では、終結をめぐる事柄について説明したいと思います。そして、卒業後のフォローアップについても触れたいと思います。

1　卒業をめぐって

学生相談の目的は、学生生活が充実するように援助することを通して、学生の成長を促進することです。これは理念です。現実的目標は、無事卒業させることです。これは大学当局から見た学生相談の果たすべき機能という側面が強いのですが、そうは言っても、学生の側から見ても、何とか卒業できたという事実はその後の人生で有益なものとなるでしょう。

学生相談に通所している学生はさまざまな困難を抱えながら卒業までこぎつけたという風情なので、卒業は大きな喜びです。しかし、一方で、社会に出ていく不安、卒業後は学生相談が利用できなくなるという不安も持っています。つまり、自立への不安があります。それゆえ、セラピストは、学生が体験しているさまざまな情緒を心理療法的に取り扱うことになります。その際、不安が軽くなるような心理的援助は教育的とは言えません。学生が自ら不安を抱えることができるように支持することが肝要です。

さらに、セラピストは学生の卒業に際して、卒業後の資源の利用の仕方について助言する必要があります。精神科に通院中の学生に関しては、精神科主治医がマネージメントを行ってくれるでしょうから、助言はあまり必要ないかもしれません。しかし、精神科に通院していないのですが、通院が望ましい学生や、今後、通院が必要になるかもしれない学生に関しては、精神科受診に対してある程度の助言が必要です。また、卒業後心理療法が必要と思われる学生に対しては、学外で心理療法を受ける際のさまざまな情報について提供する必要があるでしょう。

いくつかの事例を挙げ、卒業時のあり様をスケッチしてみましょう。

【オンデマンド心理療法の終結の一例】

事例は男子大学生です。彼は全般性不安障害と診断できる病態を持っていましたが、精神科受診は拒否していました。不安の背後には傷つきやすい自己愛があるようでした。彼は状況がストレスフルになり、不安が高まると数回学生相談を利用し、支持的面接で不安が収まるとしばらく来所しないという形で、大学二年から卒業の年まで学生相談につながっていました。

四年時は、特に就職活動と卒業論文の作成がストレッサーとなり、不安が高まりましたが、就職は彼の望むところに決まり、卒業論文も無事仕上げ、卒業が決まりました。卒業を間近に控えた二月に彼は学生相談を訪れました。彼は、やや高揚した雰囲気で、四月以降の新生活に対する希望を語りました。彼は珍しく不安についてまったく触れませんでした。また、セラピストとの別れのテーマついても何も触れませんでした。

私は、彼が今後の生活への不安や別れにまつわる心細さを否認しているのだろうと理解しました。そこで、私は、彼に「あなたはこれからの新生活への希望に満ち溢れているようですね。しかし、こころのどこかに今後の不安もあるのでしょう。また、学生相談を今までのように利用できないという心細さもあるのでしょう」と伝え、今後、不安が高まったときには、改めて精神科受診について検討すること、心理療法を求める場合のいくつかの選択肢について伝えました。その後、彼の高揚感はやや減じ、現状を現実的に考えることが可能になりました。

【支持的心理療法を行っていた学生のとの別れ】

双極性気分障害を持つ女子学生です。彼女の経過は相当激しいもので、さまざまな困難が生起しました。教職員、家族、主治医との連携を通して彼女を抱えることで、何とか卒業までこぎつけました。彼女はオーケストラで弦楽器を弾いていました。卒業前の最後の面接で、彼女は初めて面接室に楽器を持参しました。そして、今まで自分を支えてくれたことについて、セラピストに感謝の気持ちを述べ、そのお礼ですと言って、私の目の前である曲を弾きました。その曲は、一抹の寂しさを含みながらも、未来への希望を感じさせるものでした。私は彼女の成長を実感しました。

【週二回の精神分析的心理療法を二年間行った男子学生】

彼は大学院生でした。出身は他大学だったこともあり、私は彼が大学院進学後初めて出会うことになりました。彼は、大学院入学早々に、学生相談を訪れました。彼のニードは、自分をより深く知りたいというものでした。彼はパートナーとの関係に困難を抱えていました。その背後に、母親との関係があると彼は考えていました。

予備面接を数回行った後に、私は、彼が精神分析的体験を活かすことができると評価し、精神分析的心理療法を導入しました。設定は週二回四十五分で、カウチを用いた自由連想としました。

彼との心理療法は、支配的な母親というテーマを巡って展開しました。母親との関係はパートナーとの関係でも反復され、そして、セラピー関係にも転移されました。転移状況は精神分析的技法、つまり解釈によって取り扱われていきました。

ここでは大学院修了が間近に迫った局面に焦点を当てたいと思います。十二月ころの面接で彼は夢を報告しました。夢の内容は次のようなものでした。

夢

彼は自分に対して危険を及ぼす人（性別や詳細は彼にもわからないとのことでした）に追いかけられていました。彼は走って逃げていたのですが、前方にトンネルがあり、そこに逃げ込みました。トンネルを走って進むと、その先に光が見えてきました。出口のようです。そこから出れば逃げ切れそうですが、彼はトンネルを抜けることに不安を感じ、躊躇していました。そこで目が覚めたとのことです。

この夢が修士論文に追われているという修了間近の状況と関連していることは明らかです。夢についての連想を促した際に、彼自身、修士論文について連想しました。トンネルを抜け出すとは修士論文を書き上げることで、それによって修士論文作成のプレッシャーからは解放されますが、それは大学院修了を意味しており、大学院修了後に就職が決まっていた彼にとって、新しい生活・環境に入っていくことになり、そこにはさまざまな不安があったようです。また、卒業は、精神分析的心理療法の終結も意味していました。心理療法プロセスも彼にとっては情緒が揺れる体験でしたので、終結による解放感もあるようですが、心理療法の場を失う不安もあったのでしょう。彼は、一方で現状から抜け出したいという想いを持ちつつ、一方でその先に不安があり、躊躇する心持だったのでしょう。

非常にわかりやすい夢です。しかし、私は、何かこの夢はもっと強い切迫感を有していると感じました。そして、私の中で、トンネルのイメージと産道のイメージが重なりました。私はこの逆転移を味わいつつ吟味しました。この心理療法では、母子関係をめぐるテーマが中心的に扱われてきたことにも想いを馳せました。そして、私は次のように彼に伝えました。「あなたが語った夢は修士論文作成と大学院修了をめぐるもののようですが、私にはあなたの出生と関係があるように見えます。あなたは、お母さんのお腹の中から抜け出したいと思っていたのですが、躊躇する気持ちもあり、結果としては、自分の意に反して無理矢理に追い立てられるように追い出されたという思いがあるかもしれません。」

彼は、あまりぴんと来ないようでした。そして、自分は自然分娩で、安産だったと思うと語りました。

この面接に続く翌回の面接で、彼はやや興奮した雰囲気で、前回の面接後に、母親に電話して、自分の出生状況を確認したと語りました。すると、母親は意外なことを言いました。母親によると、彼の出産は極めて難産であり、自然分娩を断念し、鉗子分娩になったとのことです。この事実を彼は初めて知ったのです。

この後は、支配的な母親やパートナーをめぐる連想は、彼の意に沿わないことを、彼が拒否できない形で押し付けてくるというより具体的な連想になっていきました。そして、このことは、修了という状況の中で再演され、それらの素材が心理療法的に取り扱われていきました。最終回、彼は、この心理療法は十分な成果があったとは思えず、そこに不満もあるが、二年間でできることは全部やったような気もしますと語りました。

二年間という短い時間でしたので、彼の心の中にあるテーマは十分には取り扱えたとは言えません。この事例は、自ら終結を言い出したわけではなく、卒業という現実的枠組みで終了となりました。そのため、終結をめぐる話し合いは行わず、素材は、最後の面接まで、精神分析的に扱われました。

私がここまで説明してきた、オンデマンド心理療法、支持的心理療法、精神分析的心理療法の卒業時期のあり様をスケッチしました。大切なのは、卒業にまつわるさまざまな情緒を学生が味わえるように援助することと、卒業後の利用可能な資源について説明しておくことです。その上で、個別の事例に必要な心理的援助を最後の瞬間まで提供することになります。

2　卒業後のフォローアップ

学生相談は教育の一環です。そのため、学生にとって、セラピストはセラピーを行う人であるだけではなく、教育を行う人でもあります。要するにセラピストは、たとえ大学によりその身分はさまざまでも、学生にとっては教員です。学生相談の終わりは、学生相談からの卒業でもあります。

私は、学生相談で心理的援助を行った学生に対して卒後のフォローアップを提案することをしません。もし、学生が大学を卒業後に、私と話をしたいということであれば、面接を持つことはあります。もちろん、定期的な面接を提供することは制度的に無理なので、オンデマンドとなります。学生が卒後、学生相談を訪れるにしても、多くの場合は、卒業後の近況報告です。その場合は、私はただ傾聴するだけです。中には深刻な相談をする人もいますが、その場合は、その人が利用可能な学外の資源について改めて情報を提供します。当たり前の話ではありますが、オンデマンドであったとしても、学生相談の場で卒業後の学生に心理的援助を行うことはありません。

卒業生からの希望があり、フォローアップ面接を行った事例をいくつか紹介したいと思います。

【境界性パーソナリティ障害を持つ男子学生のフォローアップ】

彼は、精神科病院の閉鎖病棟への入院が時に必要となるほどの重篤な病理を持っていました。彼は、私が勤務していた大学を何とか卒業した後に、他大学の自然科学系の大学院に進学しました。彼は、その大学でも学生相談を定期的に利用していたようです。その中で、彼はときどき、私の許を訪れ、近況や彼の不安や葛藤について語りました。その中で、私に対処の助言を求めることもよくありましたが、私は、主治医や現在のセラピストに相談するよう指示しました。彼はやや不満のようでしたが、それなりに納得したようでした。彼は、修士論文を仕上げ、無事大学院を修了しました。修了が決まった時点で、彼は私に直接修士論文を手渡すことができる状況になかったので、私に自分の修士論文を送付してきました。その修士論文は私にはまったく理解できないものではありましたが、彼の成長を私に実感させてくれる重みがありました。

【境界性パーソナリティ障害を持つ女子学生からの卒後の相談】

彼女の病理は相当重篤でした。被害的な感情を持ちやすく、そうなると情動不安定になり、対人関係のトラブルが頻出するのでした。本人に対する支持的心理療法に加えて、関係各所との連携を積極的に行った結果、彼女は何とか卒業できました。自然科学系の学生だったので、指導教員の尽力もあり、企業の研究職として就職しました。私も指導教員も、何とか就職できたとはいえ、前途に対して不安を持っていました。

案の定、彼女は会社の中で対人関係のトラブルを起こし、会社における立場は難しいものとなりました。その際に、彼女は私との面接を求めました。面接の中で、彼女は会社の上司や同僚に対する被害的な考えを感情も露わに語りました。

一通り聞いた後、私は次のようなことを伝えました。まず、彼女が非常に難しい立場にいることを指摘しました。そして、この場では、彼女の言い分の正当性は判断できないこと、および、彼女には心理的援助が必要ではあるが、学生相談ではそれを提供できないことを伝えました。その上で、いくつかの医療機関と相談機関を挙げ、そこで相談するように指示しました。

彼女は私の対応に不満を持ったようです。彼女は私に継続的な面接を受けることを希望していたようです。私が彼女に繰り返し丁寧に説明をすると、彼女は最後には納得したようで、私が挙げた相談機関で相談してみると言いました。

その後、彼女が私に連絡をすることはありませんでした。彼女が適切な援助を得ていればよいのですが。

卒業後のフォローアップの基本は近況報告です。それはあくまで学生のニードである場合にのみ、学生を支持する効果があります。したがって、セラピストは学生にフォローアップを提案する必要はないと思います。そもそも、近況報告に訪れる学生はそれほど多くはありません。つまり、彼らは何らかの心理的必要性を持ってフォローアップ面接を求めるわけです。その要望にオンデマンドで応じることは、学生相談が教育の場であることを考えると意味があると思われます。重篤な病理を持つ学生は非現実的なニードを持って、フォローアップ面接を求めて来る場合があります。その際は、セラピストは現実検討を促すことになります。

3　まとめ

学生相談の特異な設定である卒業をめぐり、その前後のセラピストの対応について説明しました。教育的配慮をベースとして、精神分析的な理解に基づき、必要な介入を行うというあり様について記述しました。卒業前は、卒業をめぐる情緒を学生が体験できるように援助することが肝要です。卒業後は、現実検討を促し、卒業生が自ら必要な心理的援助を求めることができるように配慮することが重要です。

第三部　連携——マネージメントの重要な要素

第八章　医療との連携

医療との連携にはふたつの場合があります。ひとつは、既に学生が精神科に通院している場合です。もうひとつは、精神科受診が望ましい学生に受診を促す場合です。私は医師でもあったので、精神科との連携に困難を感じたことはあまりありません。精神科主治医も私が医師であるということで、気安い面もあったのでしょう。精神科主治医とコミュニケーションを取ることは容易でした。また、学生も私が精神科医と知って、相談していますので、精神科受診を勧めても、専門家の意見という捉え方で、必ずしも受診につながるわけではないのですが、そのことによりセラピー関係に特別な影響が生じることもありませんでした。

しかし、読者のみなさんのほとんどは臨床心理士として学生相談に携わっていると思われます。私の場合がむしろ特殊と考えた方がいいでしょう。それゆえ、私が学生相談に携わっていたときの医療との連携については触れないようにしたいと思います。読者のみなさんの役に立つものではないだろうと考えるからです。その代わりに、この章では、学生相談に携わっていた際のセラピストとしての立場ではなく、現在、学生相談から紹介される立場の精神科医として、医療との連携について考えていることを述べたいと思います。

1　既に学生が精神科に通院している場合

精神科に通院している学生の事例すべてに主治医との連携が必要というわけでありません。主治医との連携が必要となってくるのは、特別な配慮が必要となる場合、学生が精神科疾患を理由に休学する場合、学生の病態が重篤な場合などでしょう。必要ならば主治医と十分な連携をとるべきですが、何せ精神科主治医は忙しいので、通常電話による問い合わせは嫌がります。そして、主治医は大学のさまざまな事情についてほとんど何もわかっていません。それゆえ、話がかみ合わないといった事態もたびたび起こります。

以上のことから、主治医との連携は、検討する事項をかなり明瞭にした上で、文章で行うことが望ましいでしょう。私の場合、私自身が医師ということもあり、症状や対処に関することを問い合わせる必要はなかったので、基本的に薬物療法に関してのみ必要に応じて問い合わせをしました。臨床心理士の場合は、診断、症状、大学における配慮について尋ねた方がよいでしょう。文章で問い合わせることが望ましいと書きましたが、その際、大学における様子や状況についての説明を記載することが重要です。それは主治医にとっても貴重な情報となるので、相互に有益なやり取りになります。本人の様子や状況だけではなく、大学のシステムについても必要なことを十分に説明した上で、問い合わせ事項を明確に記述することが重要です。

ネットワークの形成

このようなやり取りは情報を得ることのみを目的としているわけではありません。これらのやり取りを通して、当該の学生を支えるネットワークを形成することも重要な目的の一つです。むしろ、こちらが主眼でしょう。

これらの連携は当然のことながら、当該の学生の同意を前提とします。本人が同意しない限り、医療機関が患者の情報を提供することはありません。私の経験上、本人のために行う連携ですので、本人がその連携を拒否することはほとんどありません。少なくとも、私は一例も経験していません。ただ、話の持って行き方によっては、拒否されることもあるでしょう。学生に対して、連携の必要性を十分に、そして、慎重に説明するべきでしょう。重篤な病理を持つ学生の場合は、連携を被害的に捉える可能性もあることに注意すべきです。

医療機関は、本人の同意があれば、それなりに情報を伝えてくれますし、連携を取ることについても積極的です。これは医療機関が、患者の改善に寄与するという明確な目的を持っていることと、医療が極めてリアルな臨床の場であることから来ています。一方、公立の教育援助機関は、まったくと言っていいほど情報を開示しませんし、非協力的です。私がある相談機関で担当した青年期のクライアントは、公立の教育援助機関で心理テストと継続的カウンセリングを受けていました。私が担当する際に、その情報が必要と考え、本人および両親の同意を得た上で、心理テストの結果とカウンセリングの経過について教えてもらいたいと問い合わせをしました。驚くべきことに、その要請は拒否されました。これは、けっして稀な例ではありません。公立の教育援助機関は、すべてがそうだとは言いませんが、しばしば生徒・学生の援助が一義的目的ではないということを十分に理解しておく必要があります。もちろん、そこで実際に生徒・学生の援助に関わっている職員はみな生徒・学生の役に立つことを目的として働いています。問題はシステムとその背後にある悪しき官僚主義でしょう。医療機関も公立病院はやや官僚的ですが、基本的に公立の教育援助機関よりは協力的です。

話が脱線しました。連携の基本は、それぞれが専門的立場から協同するということです。現実的な対処をめぐり教育の価値観と医療の価値観の不一致という事態も往々にして生じます。よくある事態は休学をめぐるものです。教育の現場にいるセラピストは、学生が何とか単位を取得して、卒業できるように援助したいという思いを抱いているわけですが、医療の立場から見ると、単位を取得したり、卒業したりすることよりも、健康状態の改善の方がはるかに重要です。そうなると、ここで休学したら卒業が遠のく場面で、学生相談のセラピストは学生を何とか支えて登校させるべく援助をする一方、主治医はあっさり休学を勧めるという事態が生じます。間に挟まれた学生は困惑するだけです。私の場合は、精神科医ということもあり、この事柄にあまり葛藤なく、大学のシステムとそこにおける学生生活という観点から、学生の休学について医学的かつ教育的な判断を下せるので、主治医に大学からの意見を言うこともそれほど難しいことではありませんでした。主治医も私が医学的見地を踏まえた上で意見を言っていると考えますので、こちらの意見を尊重してくれました。臨床心理士の場合、スムースに行かない場合もあるでしょう。そこで連携が重要となるわけです。先ほど、学生を援助するネットワークを形成することの重要性を指摘しました。その際の理想は、ネットワークを形成する相手の顔が見えるということです。連携はそれぞれの専門性に立脚した協働であり、理想的にはそれぞれの立場や考え方を相互に尊重すべきなのですが、関与する援助者が専門家の場合は、それぞれの考えにはそれなりの理論と個人的経験が背後にありますので、方針を一致させることは案外難しいものです。また、援助者のパーソナリティも、こと連携となるときわめて重要なファクターとなります。それゆえ、連携は理想論から出発すると、決して有益なものとはなりません。顔が見える連携とは、文字通り連携する各援助者が相互に相手と顔見知りであることを前提としています。相互の立場、臨床観、人柄を知っていて、それを尊重する間柄であれば、連携は極めてスムースに、そして、有効なものとなるでしょう。しかし、現実にはそのような連携のあり方は相当の幸運に恵まれなければ実現しません。また、初めて連携を取る相手のことは当然のことながら何もわかりません。そして、事例について何か連携が必要なことが生じてからでは、協働を行う関係性を作る時間がありません。結局のところ、普段から、機会があれば、できるだけ積極的にネットワーク造りをしておくことです。また、連携が必要となった場合は、その事例だけではなく、次の事例にその連携が役立つように考え、事例へのマネージメントを通して連携相手との関係性を構築するべきでしょう。連携とは、結局のところ、ユニークな個人同士の協働なのです。

2　学生に精神科受診を促すこと

私が学生相談の世界にいたとき、研究会などで、明らかに精神科受診が必要な学生に対して、学生相談のセラピストが受診を促すことを躊躇するという事例を多数経験しました。

何故、そのようなことが起こるのでしょう。ひとつの理由は、精神科受診が必要な学生は、学生相談につながることが望ましい学生ですので、無理に受診を勧めることで、セラピストと学生の関係が悪くなり、学生相談につながることが難しくなるという恐れをセラピストが持っていることにあります。

この事態は十分に検討する必要があります。まず、精神科受診を勧めることを躊躇するということは、セラピストのこころの中に微妙な精神科への偏見が存在するということを意味しています。精神科への偏見は、従来に比べて、相当なくなったとはいえ、世間にはまだまだあります。社会的偏見をめぐり、ときどき、驚くべき、そして、とても悲しくなるようなニュースを耳にします。世間の偏見を解消するのは私たち精神保健に携わる専門家の仕事でもあります。しかし、偏見は、心理臨床家や医療関係者の中にもあります。たとえば、身体的症状を訴える学生に、身体科の受診を勧めることを躊躇する人がいるでしょうか。勧めた上で、受診するかどうかは学生の自由です。身体的症状については躊躇しないのに、精神的症状に関しては何故躊躇するのでしょうか。当該の学生の中に抵抗がある場合もありますが、学生相談のセラピストの中にも抵抗があるようです。セラピストが自分の中の偏見について内省することはとても大切なことです。

しかし、当該の学生の中に強い抵抗がある場合、精神科受診を勧めることで、関係を維持することが難しくなるという恐れもあながち故なきことではありません。私の場合は、そもそも精神科医なので、精神科受診を勧めることにまったく抵抗がありませんし、私が勧めたことで、学生が学生相談に来なくなったという事例も皆無です。もちろん、私が勧めたにもかかわらず、精神科を受診しなかった学生は少なからずいます。私の仕事は、精神科受診に関して、学生に適切な助言をすることであって、学生に精神科受診をさせることではありません。私の助言に従うのも、拒否するのも学生の自由です。私の助言を拒否するという事態の結果、学生が学生相談に来なくなるということも致し方ないことなのですが、実際にはそのような事例はひとつもありませんでした。それは私が精神科医であることを学生が意識しているということもありますが、私が自分の仕事をしているだけで、何らかの価値観を学生に押し付けているわけではないということを学生が察知していることも影響していると思います。セラピストが学生に精神科受診を勧めることで、関係の維持が難しくなると考えるとすれば、それは学生が現実的に判断できないという予断を持っていることになります。私は、学生を信頼していますので、必要なことは伝えます。それが専門家の仕事だからです。精神科受診を勧めることで、学生が学生相談に来なくなるという事態も起こり得ます。しかし、それは、精神科受診を勧めること自体の影響ではありません。むしろ、セラピストと学生の関係性が影響していると考えるべきです。もし、そういう事態が起こったら、自分の勧め方のどこに問題があったか、そして、学生との関係性がどのようなものであったかをセラピストは内省する必要があります。

精神科受診が必要な学生には受診を促す必要があるのですが、ただ受診しなさいというだけでは済まされません。やはり、お勧めの医療機関のリストを学生に伝えるべきでしょう。どこの世界でもそうですが、精神科医にもさまざまな人がいます。私にも、正直、この人には絶対紹介したくないという精神科医が相当数います。学生相談のセラピストが顔見知りの、信頼できる精神科医に紹介することが望ましいでしょう。それでも、一度受診したが、通院には結びつかないということはよくあります。精神科医療は、医師と患者の相性が極めて重要です。ある人にとって良い医師は、他の人にとって良い医師とは限りません。結果はどうにもできませんので、学生相談のセラピストにできることはベストを尽くすことだけです。

学生が精神科受診に同意した場合は、必ず紹介状を持たせましょう。学生が自分の状態について、十分に言語的に説明できるとは限りません。私が精神科で外来をしていると、ときどき、学生相談で精神科受診を勧められ、来院する患者がいます。その中には、困っていることや症状について尋ねても、何も説明できない学生がいます。精神科医は、占い師ではないので、目の前に座って何も語ることができない患者の診断や治療はできません。

【投影同一化を説明した際に取り上げた事例】

ひとつの不幸な例を提示します。この事例は、投影同一化を説明した際に取り上げました。私が病院で経験した学生の事例です。再度、要点を記述します。

その患者は、特に付き添いもなく、一人で来院しました。診察室に入ってきた患者はインテイク用紙に大学生であること以外何も記入していませんでしたので、私は型通り主訴の聴取から始めることにして、「本日はどのようなことでいらっしゃいましたか？」と尋ねました。彼女は、ぶすっとした様子で、吐き捨てるように、「こんなところに来ても何の役にも立たない」と言いました。私は、投影同一化について想いを馳せながら、彼女に対して穏やかに、またこの場が彼女の困っていることの解決に役に立つかもしれないと思ったら再来したらどうだろうかと提案しました。彼女は、それに対してしばらく押し黙ったままでした。その後、まったく納得していない様子で、攻撃的な内容のことを話していました。私は主訴だけでも明瞭にした方がよいだろうと思い、さまざまに工夫して質問したのですが、彼女は答えることを拒否するか、要領を得ないことを言うかのどちらかでした。三〇分ほど粘り強く対応したのですが、ついには、彼女は、怒りを爆発させ、診察室のドアを荒々しく閉め、出ていきました。

彼女は、初診の患者として、私の外来を訪れました。彼女の話は要領を得ない断片的なものでしたが、どうやら、学生相談で精神科受診を勧められたようでした。彼女は紹介状のようなものは一切持っていませんでした。彼女が在籍する大学の学生相談から、事前の連絡もありませんでした。無論のこと、私はこの時点で、おそらく彼女は境界性パーソナリティ障害だろうとあたりを付けました。彼女は大学内でさまざまな行動化を起こし、学生相談から精神科受診を勧められたのだろうと空想しました。しかし、これらはすべて空想に過ぎません。彼女が困っていることや、何とかしたいと思っていることを語ってくれないことには、診断することもできませんし、治療を提供することもできません。私はいろいろ尋ねてみましたが、彼女は、ほとんどまともに答えず、どんどん不機嫌になっていきました。結果はご覧の通りです。

この事例の不幸な結果は、投影同一化について説明したことからもわかると思いますが、少なくともその一部は、彼女の病理のなせる業と言えます。ただ、彼女に全責任を負わせるのも気の毒です。学生相談のセラピストが彼女に紹介状を持たせれば、おそらく紹介状の内容の確認を通して、私と彼女はある程度、共同作業ができたと思います。そのような共同作業こそが、境界性パーソナリティ障害の治療の第一歩です。

最近は、私が精神科外来において出会う学生の中で、学生相談でセラピストに勧められて来院する学生に関しては、丁寧な紹介状を持参してくる場合が増えています。学生相談のセラピストの意識が高まってきているのでしょう。良い傾向だと思います。

第九章　大学職員（教員、事務）との連携

大学職員との連携は学生相談ならではのテーマです。たとえば、産業医学におけるメンタルヘルス援助も、職場の上司・同僚との連携が必要となる場合もありますが、職場の場合は、職場と本人の利害が一致しない場合が少なくなく、連携も少なからず葛藤含みとなる場合がしばしばです。しかし、大学は、学生相談、教員、事務職員すべて、学生の教育という共通する目標を持つことができるので、連携は積極的に行うことが良い結果を生む場合が多いと言えます。大学内における連携は、学生が置かれている教育環境の調整という意味合いがありますので、最も直接的な影響力を持ちます。他の連携と比べて重要度は高いと考えてよいでしょう。

1　大学における他の教職員との連携の注意点

大学内における連携の肝は何でしょう?　他の教職員と信頼関係を築くことが何よりも大切です。ここで注意を

喚起しますが、信頼関係とは良い関係を築くということと同じではありません。これは誤解を招くかもしれません。私の強調点は、私たちは良い関係に含まれる意味合いをさまざまに考える必要があるということです。

誰しも、良い関係の中で連携を取りたいと思うでしょう。しかし、セラピスト側に他の教職員と良い関係を築きたいという気持ちが強すぎると、言うべきことが言えなくなったり、すべきことができなくなったりすることがあります。一方で、他の教職員の考え方を無視して、セラピストの考えを押し付けるようでは連携とは言えません。セラピストの臨床的考えやそれに基づく介入は、必ずしも教員や事務職員の教育的価値観と一致するとは限りません。つまり、セラピストは、自分の考えや介入を教職員に説明し、納得してもらう必要があります。学生相談のセラピストの多くは臨床心理士です。臨床心理士は、そもそも自分の臨床的アプローチを専門家以外に説明することが得意ではありません。当たり前ですが、専門家ではない人たちは、臨床心理的考え方に不案内です。臨床家にとって常識的なことでも、大学の教職員にとっては非常識であることも十分あり得ます。

臨床心理士が、専門家以外の人への説明が得意ではないという事実は、個々の臨床心理士の問題ではありません。臨床心理士の教育と臨床心理文化の問題です。

話を戻しますと、学生相談においては、臨床的考えやそれに基づく介入について、専門家ではない教職員に十分に説明し、納得してもらわなければ、意味のある連携が取れません。学生相談のセラピストは、常に、自分の臨床的営為の意味についてわかりやすく説明できるように心がけるべきです。ただし、特定の学派の考え方に基づくものでは、専門家以外の人に通じません。特に力動的心理療法の各学派の考えは、そもそも科学的根拠がほとんどありません。それゆえ、その学派の信奉者以外には通じません。私の専門は精神分析ですが、精神分析も例外ではありません。精神分析の理論は現代的な意味ではまったく科学的ではありません。しかも、一般的常識とかけ離れている部分も相当ありますので、かみ砕いて説明したとしても、教職員には本当のところは通じないと考えた方がいいでしょう。そもそも、精神分析の理論は臨床実践から導き出されたものです。それは精神分析とは何かということと関連した理論です。そして、精神分析が何かということは精神分析を経験しない限りわかりません。精神分析を経験したことがない教職員に精神分析的理論に基づく話は通じません。それゆえ、教職員に力動的理解を伝えるときは、通常の経験に近いと思われる内容を日常語でもってすることになります。

そこへいくと、専門家以外の人への説明やその説得力に関しては、認知行動療法に分があります。認知行動療法は教育との相性もよいですし、介入の目的やその意義についても、専門家ではない教職員に対して説明することが比較的容易です。

結論としては、教職員との連携を取る上での説明に関しては、力動的理解に関しては教職員の経験に近いものを日常用語でわかりやすく説明すること、そして介入に関しては認知行動療法の考えを取り入れた形で説明すると通じやすいと思われます。教職員に力動を読んで事例に介入するよう指示してもそれは良い結果を産みません。介入は認知行動療法的エッセンスを利用したものを指示すべきです。繰り返しになりますが、力動的心理療法をオリエンテーションとするセラピストも学生相談に携わる限りは認知行動療法の基礎を学ぶべきです。

しかし、いくら説明に腐心しても、理解や介入が、教職員の教育的価値観とあまりにもかけ離れていたら、やはり、連携は困難になります。と言っても、教職員の考えを尊重することは必要ですが、それに合わせるだけならば、私たち心理臨床家の存在理由はありません。そこで先ほど述べました信頼関係が効果を発揮するのです。信頼関係があれば、教職員の教育的価値観とかけ離れていても、「この人が言うならば、とりあえずやってみよう」と思ってくれるのです。このことは、学生の教育を第一義とする仕事仲間としての良い関係を基礎として生じる事態ではありません。そうではなく、教職員からセラピストがある種の権威として見られるという事態に根差したものです。自分の教育的価値観とは異なるが、セラピストはそれなりの権威なのだから、言うことに一理あるのではないかと教職員に思ってもらう必要があるということです。権威を纏うということは偉そうに振る舞うということとはまったく異なります。権威を纏うためには、信念を持ち、言動に一貫性がある必要があります。その上で、自分の考えを他者に押し付けずに、他者の考えについても理解を示す必要があります。結局のところ、機会がある毎に、コミュニケーションを取っておき、事が起きる前に、信頼関係の土壌を作っておくということです。事が起こってからでは遅いのです。他の教職員との連携は学生相談において最も重要な臨床的営為のひとつです。それを実践するためには、面接室に閉じこもっていてはいけません。普段から、信頼関係を築き、自然に権威として認めてもらえるよう努力する必要があります。

2　他の教職員との連携が必要となった事例

他の教職員との連携が必要となった事例を挙げます。学生相談に持ち込まれて、最も対処が難しいのはハラスメント事例でしょう。大学においては、通常、学生相談とは別にハラスメントを解決する相談部門があります。もちろん、ハラスメントというストレス状況からさまざまな心身の問題が生じて、学生が学生相談を訪れるということはよくあることです。その場合も、学生相談は心理的援助にのみ関わり、ハラスメントそのものの相談は別の部門となることが多いと言えます。しかし、現実には、学生相談が心理的援助に加えて事態のマネージメントに参加するということも珍しくありません。そうせざるを得なかった事例を挙げたいと思います。

【大学全体を巻き込み事例化したケース】

事例は自然科学系修士課程の大学院生の男子でした。彼は、ストレスに起因する抑うつ状態であると精神科クリニックで診断されました。そのストレスは、彼が所属する研究室の男性スタッフから受けたものであり、彼はパワー・ハラスメントであると主張していました。彼は、学生相談にも相談に訪れました。そして、研究室のパワー・ハラスメントに関して、かなり被害的な気持ちを語りました。私は受容的に応答しました。学生相談での面接によって、彼の気持ちは落ち着いたようですが、彼はなかなか研究室に足を向けることはできませんでした。そのため、修士論文の作成に支障が出ており、修士号の取得が困難な情勢でした。そのような状況で、彼の父親が私に電話をかけてきました。彼の父親は怒り心頭といった風情で、当該のスタッフや、その研究室を主宰する教授、ひいては大学自体に対する激しい批判を感情的に語りました。私はそれも受容的に応答しました。彼の父親は、教室を主宰する教授にクレームの電話をかけました。そして、事例の彼にパワー・ハラスメントをしたと訴えられている研究室のスタッフの辞任を要求しました。そのスタッフは、この一連の騒動に伴うストレスで抑うつ状態となり、私の許に相談に来ました。彼は、自分としてはその学生の修士論文の指導の一環として良かれと思ってしたことが、被害的に受け取られてしまったと語りました。そして、今回のことで大学や研究室に多大な迷惑をかけたので、自分は職を辞するつもりであると語りました。私は、彼に対して朴訥で不器用という印象を持ちました。当該の学生に対する配慮が十分であったとは言えませんが、基本的には学生の研究の援助をしたいという気持ちから出た言動だったようです。私は彼の心労に対して受容的な応答をしました。また、さらに、この件でこころを痛めた研究室の教授も私の許に相談に来ました。教授は、スタッフの言動の意図もわかるし、当該の学生の気持ちもわかると語りました。当該の学生は、そのスタッフがいる限り研究室に来ることができないと言っており、そのスタッフは辞意を教授に伝えているのですが、教授としてはそのスタッフが辞める必要はないと考えていました。しかし、それでは当該の学生は研究を仕上げることができず、そうなると修士号の取得が叶わなくなります。教授もどうしたらよいのかわからないという感じでした。私は、すべての人が納得する解決方法がない以上、研究室を主宰する教授が自らの信念に従い、決定するしかないでしょうと伝えました。教授はほっとしたようでした。

この事例は、大学においてパワー・ハラスメントとして事例化しました。この時点での登場人物は、パワー・ハラスメントの被害者である学生、加害者とされたスタッフ、監督不行き届きの教授、学生の父親です。そして、その全員が私のクライアントとなっていました。学生は定期的な面接を受けており、その他の人はオンデマンドの面接や電話相談を受けていました。オンデマンドと言っても、月に数回の頻度でした。私は、面接や電話対応では、パワー・ハラスメントであるか否かに関することには意見を言わず、各人の気持ちに対して受容的に応答しています。各人は、パワー・ハラスメントに対する意見を言わない私の態度に物足りなさを感じていたようですが、私との信頼関係は徐々に醸成されていきました。

事例の学生は学生相談には定期的に通所していましたが、研究室に行くことはできず、修了が現実的に無理な情勢になった時点で、学生の父親は研究室の教授に、息子が研究をできないのは研究室の責任なので、修士論文の作成をしなくても修士号を授与するようにという要求をしてきました。教授は、当然のことながら、修士論文の提出をしない限り、修士号を授与することはできないと、その要求を拒絶しました。すると、父親は、直接学長に電話をかけ、さまざまな内容を訴えました。父親が地域の有力者であったこともあり、騒動は一段と大きくなり、教授の裁量を超える事態となり、学部全体での対応が必要となりました。この事態への対処をめぐる臨時の学部教授会が開かれることになりました。臨時でしかも重要な内容を決定しないといけない事態でしたので、定足数を満たすために、夜遅い時間に設定せざるを得なかったようです。しかし、学部の中だけでどう対処するか決定するには事情が複雑過ぎるようでした。そこで、私は学部の成員ではありませんでしたが、対処を決定するために、オブザーバーとして私の参加が要請されました。

臨時の学部教授会に参加した私は、研究室の教授の意見、つまり、修士論文を提出しない限り、修士号の取得は認めないという考えを支持しました。これは当然のことでしょう。その上で、生じている力動的事態について参加者が十分に理解できるよう丁寧に説明し、当該の学生が研究室に来て研究する際に、そのスタッフと顔を合わせないように配慮することを学生および父親に伝えるよう助言しました。学生や父親の要求を飲むことはしませんが、学生が修士論文を作成できるよう最大限の援助をするという方針です。学部教授会は、私の意見をそのまま採用しました。これは、私の意見が概ね常識的であったということもありますが、大学全体が私への信頼感を持っているという状況も関与していたと思います。

学部の総意としての考え方が学生および父親に伝えられました。学生は、それでも研究室に行くことができませんでした。ここまでの学生相談における面接から、この事態は学生自身の病理も関与していることは明らかでした。しかし、学生のニーズは、自己理解や自分を変えることにありませんでしたので、私は学生の病理を直接扱うことはせず、学生の傷つきを中心に扱い、それを通して学生のこころの成長を援助するという姿勢で支持的心理療法を行っていました。また、父親は、当初、学部の姿勢に激怒し、しかるべきところに訴えると強硬な姿勢を示していました。私が数回電話で対応しているうちに、現実的に考えることが可能になり、それなりに事態を受容するようになりました。

結局、学生は研究を続けることができず、修士号を取得することはできませんでした。しかし、自分のしたいこと、そして、自分にできることは別にあると理解し、別の道に転身しました。そのような彼のあり方に父親も納得したようです。また、研究室の教授やスタッフも、落ち着きを取り戻し、今回のことを教訓に、自分の職責を果たそうという雰囲気になりました。事態が収拾され、関係するすべての人の相談が終了しました。

この事例は、ハラスメントという非常に難しい問題が関係しているので複雑な展開を示しました。私がしたことは、各人に対してはその気持ちに寄り添うことで、全体の状況に対しては現実的なマネージメントを行うということでした。当事者以外の人々を巻き込み、事態は大学全体に広がっていきました。大学全体が私に信頼を寄せてくれていたおかげで、私の考えを取り入れて、大学が動いてくれました。現実的対処は、彼や父親にとって受け入れがたいものでしたが、それを受け入れていく作業を私は援助しました。

学生は結局修士号を取得できなかったので、結果は、最善のものであったとは言えません。しかし、登場人物それぞれがそれなりの納得に達したという意味で、悪くはない結果であったと思います。

3　まとめ

他の教職員との連携はある程度の権威に基づく信頼関係が基本であると述べました。しかし、信頼関係が十分ではなく、マネージメントが不首尾に終わることもしばしばです。また、信頼関係も一朝一夕には築くことができません。セラピストは信念を持ちつつ、柔軟なこころを持って、機会がある毎に教職員とコミュニケーションを地道に取ることが肝要です。

第十章　連携の光と影

本来、心理臨床において、連携は、専門性の一部であり、そこに矛盾は存在しないと思われます。しかし個人心理療法という観点から眺めると、専門性と連携が葛藤する局面もあるようです。私たちは、心理臨床の理想を追い求めると同時に、現実の心理臨床の現場においてリアルに考える必要もあるでしょう。

学生相談において、連携というマネージメントは必須であり、また、本質的な重要性を持つことをここまで述べてきました。しかし、連携が個人心理療法のプロセスにネガティブな影響を与える可能性があることもまた事実です。この章では、ひとつの事例を通して、連携の光と影について考えてみたいと思います。

1　ひとつの事例

まずは、事例から見てみましょう。その後、学生相談における連携の光と影について考えてみたいと思います。

【解離性障害が疑われた女子学生】

事例は大学院の女子学生です。彼女の実家は大学から遠方にあり、彼女は一人暮らしをしていました。X年八月に、健忘症状が出現しました。たとえば、置いたはずの場所にそのものがなく、他の場所で見つかったり、日記に書いた覚えのない内容が書いてあったり等でした。そのような事態が頻回に生じ、彼女は九月に精神科を受診しましたが、疲れから来ているのだろうと言われたそうです。この背景には恋愛関係から来るストレスが存在していました。そのストレスが増強する中、十一月に彼女は数回に及ぶ自傷行為（リストカット）を行いました。このときも記憶がないと言っていました。そして、彼女は十二月に、当時私が勤めていた大学の学生相談を訪れ、私がインテイクを取りました。私は解離性障害の可能性があると判断し、予備面接を提案しました。彼女はその提案を受け入れましたが、ちょうど大学が長期休暇に入る時期であったため、彼女はひとりで過ごすことに不安を感じ、長期休暇中は実家に帰ることにしました。予備面接は、長期休暇明けに改めて行うことになりました。

X＋一年一月に、私は再び彼女と面接を持ちました。彼女は、「しんどいけど、早く忘れたい。話すと思い出してしまうので、カウンセリングは希望しません」と言いました。私は、彼女の病理は重篤であると判断していましたが、精神病や発達障害ではありませんでしたので、支持的心理療法の適応と考えませんでした。そのため、彼女の希望を受け入れ、また、必要に応じて相談するよう指示しました。

しかし、X＋一年二月に、彼女は警察沙汰となるある事件を引き起こしました。警察、および、大学当局からの調べに対して、彼女はその事件の主要な部分に関して記憶がないと責任については否認しました。そのような状況下で（X＋一年三月）、彼女は父親同伴で学生相談を訪れました。彼女は、事件後の一カ月間、実家に戻っていたようです。その間に、近所の精神科を数回受診しました。そのためか、現状、情緒的には落ち着いているとのことでした。その精神科における主治医からは、診断については何も聞いていないとのことでした。薬物療法もなされていませんでした。紹介状にも診断名の記載はなく、一時的な混乱であろうとの旨が書いてありました。彼女は、私に対しても、事件の主要な部分については覚えていないと関与を否定しました。

この事件は、彼女の周囲の学生を巻き込んだものでした。新学期から彼女が学業に戻るためには、学校当局、および、周囲の学生の納得が必要な状況でした。そのため、私は大学当局に対して、意見書を作成しました。その際に、大学当局と相談し、学業に復帰する条件として、学生相談でカウンセリングを受けるという内容を盛り込みました。また、同時に、指導教員と連絡を取り、周囲の学生への対応について協議しました。指導教員同席のもと、彼女が周囲の学生への謝罪を行うという形となりました。また、保護者とも、必要に応じて連携を取ることを確認しました。私がマネージメントの中心となり、全体の窓口となるという体制を築くことになりました。

このように必要なマネージメントを行った上で、私は改めて彼女に予備面接を行うことを提案しました。彼女は同意し、予備面接を二回行いました。そして、以下のような情報を得ました。

彼女は、小さいころ、病弱であり、度々病院通いをしていました。両親は共働きであるため、祖母が病院に連れて行きました。小学校から高校にかけては健康も回復し、勉学や部活に励む、まじめで明るい学生だったようです。彼女は、実家から出たかったということもあり、かなり遠方の大学に進学しました。その後、彼女の関心に変化が生じ、学部とは異なる分野の大学院に進学することにしました。

両親共に教育関係の仕事に就いています。父親は支配的であり、友人関係について事細かく尋ね、「あの子とは付き合うな」など言うことが多々あったようです。また、成績に関してもうるさかったようです。気に入らないことがあると怒鳴ることが多かったといいます。ただし、身体的暴力はありませんでした。彼女は、父親について恐怖心を抱いていて、聞き分けの良い子にしていました。母親は、彼女に関して無関心であり、彼女の学校の行事に来ることはまったくなかったといいます。学校行事に来るのは、父親か祖母でした。母親は自分のことにしか関心がないようですが、父親には従順でした。数歳年下の妹がいますが、妹は彼女と異なり、両親に対して反抗的であると言います。姉妹の間柄は良好でした。

友人関係には大きな問題はなく、同性、異性とも友人がいて、その関係は安定して長続きするものでした。恋愛関係も、大学時代までは特に問題はなかったようですが、今回は、彼女がいる男性と付き合うことで不安定になったと言います。

私は、彼女の成育歴と今回の事件のギャップに注目しました。そして、経過も考え合わせ、彼女の病理の中心は解離であろうと評価しました。そして、その背後に、家族関係があると見立てました。その時点で、彼女は落ち着いており、また、私の行ったマネージメントにより、大学生活において現状改善すべき点もなかったということもあり、今後、同様のことが起こらないようにするための心理的援助が適切であると考えました。私は週二回四十五分、カウチを用いた精神分析的心理療法を提案しました。彼女は同意しました。

初回面接で、彼女は、支配的な両親イメージについて連想しました。彼女は支配的な両親から逃れるために、実家から遠く離れた大学に進学したことを述べました。さらに、彼女は、支配的な両親に対して自分の意見を言うことができないと述べました。仮に自分の意見を言ったら、怒られるだけだろうといいます。実際に妹は両親に自分の意見を言うのですが、それが些細なことであってもひどく怒られるそうです。自分は妹と異なり、何とか丸く収めようとして生活してきたと彼女は語りました。彼女は自分が両親の期待を集めており、それに応えてがんばって勉強してきたという内容を語りました。

第二回では、初回とテーマは共通していますが、父親と母親のあり方の違いがより明瞭になっていきました。父親は初回に語られた親イメージを代表していますが、母親は、むしろ、人の話を聞かず、自分の都合を押し付ける人のようでした。また、家事等も祖母に任せ切りで、ほとんどしていないということが語られました。そして、彼女は、自分が付き合う彼氏は父親と逆のタイプであり、また、母親のようにはなりたくないという思いもあると語りました。しかし、彼女は両親と同じ職業に就こうとしているのでした。

第三回では、妹のことが連想の中心でした。妹は彼女と異なり、自分の意見を両親に伝え、また、両親の言うように勉強をすることもないとのことでした。そのため、妹は、両親から四六時中怒られ、また姉である彼女と比較されているといいます。彼女はそのような妹に同情を感じると共に、自分が家を出て、その分妹に親の関心が集中していることに対する罪悪感を語りました。

第四回では、「最近、あまり考えないようにしている」と連想したり、ひとりでいる方が好きと語ったりしました。連想も全体に豊かではありませんでした。抵抗が生じていると理解しましたが、この時点では時期尚早と考え、解釈をしていません。

第五回では、彼女は全体的に沈黙がちでした。セッションの半ばで、彼女は、親に怒られるときに頭痛がすること、その際に、怒られるのは理由があるので仕方がないと思い、怒りを感じることはないと連想しました。私は、怒りと頭痛を結びつける介入を行いましたが、それに対して、彼女はセッションの最後まで沈黙することで応えました。

第六回では、彼女は母親について連想しました。母親は自分の関係することにおいてのみ支配的だが、それ以外はまったく無関心であることが語られました。

第七回では、ふたたび支配的な父親に関する連想が展開しました。父親は彼女の携帯のメールの中身を確認する等、侵入的かつ支配的でした。さらに、彼女は、このようなことをセッションで話しても現実は何も変わらないという心理療法に対するネガティブな感情を語りました。

第八回では、両親が彼女のあり方を認めないということがテーマとなりました。彼女は、次のようなエピソードを語りました。子ども時代に、毎年、彼女は「誕生日のプレゼントに何が欲しい？」と尋ねられてきました。彼女は、特に欲しいものがないので、毎年いらないと言っていたのですが、例外的に唯一欲しいと言ったのがゲーム機でした。しかし、それは眼に悪いという理由で買ってもらえませんでした。両親が彼女に与えたいとものと、彼女のニーズの齟齬が語られているようでした。私はこの内容を転移の文脈で理解し、解釈しました。この解釈に対して、彼女はリラックスした雰囲気で沈黙するという形で応じました。

ここまで、連想のテーマは家族関係（特に両親）をめぐるものであり、そしてそれと関連した転移（陰性父親転移等）が展開しているようでした。私はいくつかの転移解釈を行いましたが、それに反応して彼女の連想は豊かになったり、重要な過去の想起が生じました。心理療法は順調に展開していると私は感じていました。

このような文脈の中、マネージメントを要する事態が発生しました。彼女が以前に起こした事件について、同級生たちが従来の説明に納得できず、彼女との直接の対話を要求してきたのでした。この件に関して、私は彼女の気持ちと父親の意向を確認する作業を行いました（第九、一〇回）。そして、彼女の現状を鑑み、大学および指導教員に意見を述べました。このような事態の中で彼女の情動は不安定になりましたが、私のマネージメントにより少し安定したようでした。

私のマネージメントにより不安は減少しましたが、この後、彼女は抑うつ的になっていきました。そして、セッションにおいてはそのほとんどの時間が沈黙に費やされるようになりました（第一一、一二、一三回）。わずかに語られたことは、両親へのネガティブな想いでした。そして、遂には第一四回は体調不良を理由にキャンセルされました。彼女がセッションをキャンセルしたのは初めてでした。

第一五回では、彼女は両親への怒りについて連想しました。第一六回にやってきた彼女はそれまでの抑うつ的雰囲気と異なり、比較的生き生きとしていました。しかし、セッションでは相変わらず沈黙がちでした。これ以降（第一七回から二二回）、彼女は両親に対するあきらめと両親といかに距離を取るかということを連想するようになりました。彼女の情動は安定しており、学生生活も充実しているようでした。私は心理療法に対するあきらめや、セラピストと距離を取るという転移の文脈を取り上げましたが、彼女は特別な反応を示しませんでした。

第二二回以降、長期にわたる実習のために、学生相談を訪れることが難しいという状況が生じました。定期的な心理療法としては終了として、その後は彼女が来所することができるときに来て現状を報告するというフォローアップとしました。

フォローアップは年に二～三回行いました。その間、彼女は順調に実習をこなし、就職の採用試験にも合格し、当面実家に帰る必要がなくなりました。そして、無事修了し、就職に至りました。

この事例は、事件性を有しており、また、事例が解離性障害の疑いがあったため、必然的に各種連携を含むマネージメントが必要となりました。連携は、大学当局、家族、教員、同級生にまで及びました。マネージメントは実り多く、良好な結果を得ることができました。彼女は情緒的に安定し、勉強や実習に励むことが可能になり、無事に修了し希望の職業に就くことができました。

一方、この事例にはかなりインテンシヴな個人心理療法が行われました。彼女の精神病理（解離）を考えると、このような心理療法を行い、彼女の内的な世界に変化が生じないと、またストレス状況下で同じことが生じる可能性があると判断したためでした。彼女は、ストレス状況に対して解離という機制を用いて対処していたようでした。また、彼女には心理療法に対する動機づけもあると評価されました。

しかし、心理療法は十分な深さに到達することができませんでした。実習等の現実的要因もあるにはありますが、心理療法固有の問題もありました。そのひとつとして、私が連携等のマネージメントをしたことで、彼女が大学内で順調な学生生活を送ることが可能になったという事実が挙げられます。私は、彼女にとって基本的に良い対象となってしまったのでした。心理療法過程の中で、陰性父親転移が展開し、取り扱われつつあるときに、マネージメントを要する状況が生じてしまいました。そして、私は現実的に良い対象として機能することになりました。

この状況は彼女の不安を強めるものでありました。しかし、その状況に対して私が行ったマネージメントにより、彼女の不安は減じました。その後、彼女は抑うつ的になっていきました。彼女はセッションでは、ほとんどの時間を沈黙に費やしました。おそらく、私が良い対象となってしまったため、彼女は私に陰性のものを向けることが困難になり、それが自分に向かわざるを得なくなったのだと思います。そして、彼女は、そのような葛藤的対象であるセラピストと距離を取ることにしたようです。それは心理療法へのあきらめを必然的に伴うことになります。

私が実践する心理療法は精神分析的なものであり、その基本は転移を扱うことです。転移とは、その人が持つ対象関係、つまり、対人関係のイメージがクライアントとセラピストとの間で現実化することです。転移されるのは、良い対象であることもありますが、悪い対象であることもあります。そして、そのいずれも扱い、心理療法を深めていくことが精神分析的観点からは本筋ですが、彼女は現実状況から、私を良い対象に留めておくしかなくなってしまったのでしょう。そして、悪い対象の役割は主に両親が担うことになりました。むろん、私はそのような文脈を取り扱うべくいくつかの介入を行いましたが、私の技量不足もあり、それは叶いませんでした。

2　連携の光と影

連携は、かなり現実的な力を有しており、それが心理療法プロセスに与える影響は甚大です。特に学生相談という大学において特別な機能を有する施設に勤務し、メンタルヘルスケアに携わる場合は、このことを十分配慮することが必要となります。また、解離性障害などの困難なケースではマネージメントが必要となる場合が多いと言えます。むろん、連携を含むマネージメントが心理療法に良好な影響を及ぼす場合もあるでしょう。しかし、精神分析がこころの深層にある内的な世界を扱うものである以上は、ネガティブな影響が生起し得ることを常にこころに置いておくべきでしょう。

私たち心理臨床家の仕事は、クライアントの利益になることをすることです。心理療法のみを提供するだけで事足りるケースを引き受けることができるのは例外的に恵まれている臨床家だけでしょう。相当数のケースで、多かれ少なかれマネージメントが必要となります。これが、医療ならば、主治医がマネージメントを行い、セラピストが心理療法に専念することもできます。しかし、学生相談となるとそうはいきません。また、純粋に心理療法を行いたいというセラピストの欲望のために、必要なマネージメントを行わないという態度では臨床家とは言えません（もちろん、そのような人は、学生相談にはほとんどいません。そのような欲望を持つ臨床家は他の設定を求めるものです）。

しかし、やはりマネージメントが個人心理療法にネガティブな影響を与える可能性については常に注意を払うべきでしょう。その上で、私たちにできることは、マネージメントをしつつ、それが心理療法に与える影響について想いを馳せ、可能であればそれを心理療法的に扱うことだけです。しかし、私たちが扱おうとしても扱い切れないという事態も生じます。結局のところ、私たちにできることは、連携の光と影を理解し、その両者を引き受けつつ、最善を尽くすことのみです。そして、結果がどうあれ、その結果を受け入れ、そのプロセスを検討し、十分に自らのこころを内省し、次に活かすことが私たちの仕事です。

3　まとめ

学生相談における連携の光と影について説明しました。私たちは、必要とあればマネージメントを遂行しますが、それが個人心理療法に与えるネガティブな影響についても考えなければなりません。そして、可能であれば、それを心理療法的に扱うことになりますが、それが難しい場合も往々にしてあります。私たちにできることは、万能的にならずに、リアルに考え、ベストを尽くすことだけです。

おわりに

本書は、私にとって五冊目の単著です。最初の二冊は中堅の臨床家向けの専門書でした。次の二冊は初心の臨床家向けの入門書でした。今回、私は、初心者と中堅の間にいる臨床家を意識して本書を執筆しました。それは学生相談という極めて限定的なフィールドで臨床を行っている臨床家を読者として想定しているからです。むろん、初心の臨床家のみなさんのヒントとなることも書いてあります。いずれにせよ、自分なりの臨床スタイルを築きつつある臨床家が本書の対象であると思います。本書の中で強調しましたが、臨床の基本は自分の頭で考えるということですので、本書を参照点として、読者のみなさんが自分なりの臨床を造り上げてもらったら大変うれしく思います。

私は現在学生相談に携わっていません。私は学生相談というフィールドが好きです。学生相談はさまざまな可能性に開かれた豊かな領域です。その一方で、時間が限られているという現実的制約があります。現在の私の臨床のフィールドはそのほとんどが精神科臨床です。精神科臨床においては、相当の数の患者さんと人生のかなりの時間関わりを持つことになります。それと比べると学生相談は、人生にほんのわずかな間のみの付き合いということになります。それでも、あるいは、そうであるが故に、学生相談の意義が際立つように私は感じています。また機会があったら、是非、学生相談に関わりたいと思っています。

このところの私が執筆した本と同様に、本書にも引用・参考文献を挙げていません。私たちの思考は引用の織物であり、それらはすべて二次利用に過ぎません。本書も二次利用に溢れています。学術書であれば、ソースを明示すべきでしょう。しかし、私は、オリジナリティは書いてある内容にあるのではなく、文体の背後にある生々しい息遣いにあると考えています。本書は、読者のみなさんに何かを教える学術書ではなく、みなさんのこころを喚起する作品でありたいと思っています。

本書を執筆中の二〇一四年に私の父が亡くなりました。何年か先のこととは言え、次は私の番です。今までの人生でも相当好き勝手なことを言ってきましたが、いよいよ人生がカウントダウン中となった今、今まで以上に言いたいことを言おうと思っています。特に心理臨床の世界では、リアルなことを言うと誰かが気を悪くします。それを心配して、リアルなことを言わない人が多すぎます。私は残りの人生、リアルなことだけを言っていきたいと思います。

本書を、私をリアリストに育ててくれた父に捧げたいと思います。

二〇一五年六月　胡蝶蘭を眺めつつ亡き父を偲ぶ

著　者

著者略歴

細澤　仁（ほそざわ　じん）
1963年　栃木県に生まれる
1988年　京都大学文学部哲学科美学美術史学専攻卒業
1995年　神戸大学医学部医学科卒業
2001年　神戸大学 大学院 医学系研究科 助手
2007年　兵庫教育大学 大学院 学校教育研究科 教授
2010年　椙山女学園大学 人間関係学部 教授
2012年　関西国際大学 人間科学部 教授
専　攻　精神医学，精神分析，臨床心理学
現　職　アイリス心理相談室，フェルマータ・メンタルクリニック
著訳書　解離性障害の治療技法（みすず書房），心的外傷の治療技法（みすず書房），精神分析と美（監訳，みすず書房），ナルシシズムの精神分析（共著，岩崎学術出版社），分析家の前意識（共訳，岩崎学術出版社），松木邦裕との対決（編著，岩崎学術出版社），実践入門 解離の心理療法（岩崎学術出版社），実践入門 思春期の心理療法（岩崎学術出版社），出生外傷（共訳 みすず書房），精神分析を語る（共著，みすず書房）

実践 学生相談の臨床マネージメント
—リアルに考えベストを尽くす—

ISBN978-4-7533-1096-8

著　者
細澤 仁

2015 年 8 月 30 日　第 1 刷発行

印刷　新協印刷(株)　／　製本　(株)若林製本工場

発行所　(株) 岩崎学術出版社　〒112-0005　東京都文京区水道 1-9-2
発行者　村上　学
電話 03(5805)6623　FAX 03(3816)5123